L'ENFER D'INAL

Collection Études Africaines

Dernières parutions

Yao ASSOGBA, *Jean-Marc Ela, Le Sociologue et théologien africain en boubou.*
Oméga BAYONNE, Jean-Claude MAKIMOUNAT-NGOUALA, *Congo-Brazzaville : diagnostic et stratégies pour la création de valeur.*
Albert LE ROUVREUR, *Une oasis au Niger.*
Samuel EBOUA, *Interrogations sur l'Afrique noire.*
Constant VANDEN BERGHEN et Adrien MANGA, *Une introduction à un voyage en Casamance.*
Jean-Pierre YETNA, *Langues, média, communautés rurales au Cameroun.*
Pierre Flambeau N'GAYAP, *L'opposition au Cameroun.*
Myriam ROGER-PETITJEAN, *Soins et nutrition des enfants en milieu urbain africain.*
Pierre ERNY, *Ecoliers d'hier en Afrique Centrale.*
Françoise PUGET, *Femmes peules du Burkina Faso.*
Philippe BOCQUIER et Tiéman DIARRA (Sous la direction de), *Population et société au Mali.*
Abdou LATIF COULIBALY, *Le Sénégal à l'épreuve de la démocratie*, 1999.
Joachim OELSNER, *Le tour du Cameroun,* 1999.
Jean-Baptiste N. WAGO, *L'économie centrafricaine*, 1999.
Aude MEUNIER, *Le système de soins au Burkina Faso*, 1999.
Joachim OELSNER, *Le tour du Cameroun,* 2000.
B. Alfred NGANDO, *L'affaire Titus Edzoa*, 2000.
J.-M. ESSOMBA , M. ELOUGA, *L'Art Tikar au Cameroun,* 2000.
Mahamadou SY, *Mauritanie : l'horreur des camps. L'enfer d'Inal*, 2000.

Mahamadou SY

L'ENFER D'INAL

Préface
André BARTHELEMY

L'Harmattan
5-7, rue de l'École Polytechnique
75005 Paris - FRANCE

L'Harmattan Inc.
55, rue Saint-Jacques
Montréal (Qc) - CANADA H2Y 1K9

ISBN : 2-7384-9541-9

Ce livre est dédié à toutes les victimes du système raciste et génocidaire de la Mauritanie.

"Oser regarder la vérité en face. Reconnaître l'horreur pour ce qu'elle est. Il n'est pas d'autre issue pour exorciser nos démons. Contribuer à faire la lumière sur les atrocités qui ont ensanglanté la Mauritanie et son peuple et aider à ce que justice soit rendue. Sans plus."

Un rescapé du camp d'Inal (Nouadhibou) témoigne.

Préface

Voici un livre nécessaire et qui vient à son heure. Mahamadou Sy aurait pu l'écrire près de dix ans plus tôt: sans doute était-ce alors trop difficile, à peine sorti de l'enfer d'Inal, de fouiller la mémoire pour en extraire toutes les violences et les humiliations vécues.

Trop difficile surtout de prendre le recul nécessaire pour faire œuvre réellement utile. Trop difficile enfin de dire l'horreur sans haine.

Aujourd'hui le temps est venu, Mahamadou Sy, s'appuyant sur les notes prises dès sa libération, nous livre un témoignage authentique, dépouillé, tout entier sous-tendu par l'exigence de vérité et de justice.

Et ce témoignage en effet vient à son heure: aujourd'hui il ne s'agit pas seulement - ce qui est indispensable - de faire œuvre de mémoire. Il s'agit de mettre cet effort, et l'on pressent quel courage il faut pour ne pas tourner résolument le dos à ces atrocités inhumaines, au service de la lutte contre l'impunité. Une lutte que l'on peut désormais mener avec l'espoir légitime de réussir.

Malgré la lâcheté du gouvernement britannique qui a rendu le bourreau du peuple chilien à sa retraite dorée, l'affaire Pinochet a confirmé, après les condamnations à Arushaha et à La Haye de plusieurs tortionnaires et assassins, politiques ou militaires, qu'il n'existe plus d'immunité pour les crimes majeurs: actes de torture, crimes de guerre, crimes contre l'humanité, génocide. L'affaire Pinochet, malgré sa conclusion pitoyable, a confirmé aussi qu'un tortionnaire pouvait être jugé par un tribunal étranger: peu importe le lieu où le crime a été commis, peu importe la nationalité des victimes. Tout Etat signataire des grands traités internationaux a le droit - ou le devoir - de juger les tortionnaires et les auteurs ou complices de crimes contre l'humanité, de guerre, de génocide. La compétence universelle n'est pas remise en cause par la soi-disant sénilité du général chilien. Et au moment où capotait l'affaire Pinochet, commençait l'affaire Habré qui lui ressemble beaucoup. Le 3 février 2000, l'ex-dictateur tchadien a été inculpé à Dakar. Le courage des victimes qui ont osé porter plainte, la remarquable coordination d'ONG françaises, américaines, anglaises, tchadiennes et sénégalaises ont abouti à ce résultat: Hissène Habré reconverti en homme d'affaires prospère, va devoir, dix ans après avoir été chassé du pouvoir, répondre de ses crimes.

L'insécurité change de camp: les tortionnaires et dictateurs ont raison d'avoir peur. Tous les tortionnaires sont menacés, les mauritaniens aussi, malgré l'auto-amnistie qu'ils se sont concoctée.

Et c'est là que le livre de Mahamadou Sy pèse de tout son poids: la précision de son témoignage, la rigueur du récit, les noms des acteurs et de leurs complices cités en clair, tout cela va nourrir les dossiers qui permettront de justifier les plaintes. Déjà le capitaine Ely Ould Dah, ex-tortionnaire de Jreïda, va être jugé à Montpellier malgré les protestations indignées de Ould Taya. Les temps changent: en 1993, le gouvernement français, au mépris de ses engagements internationaux, avait empêché l'arrestation du colonel Ould Boïlil dont nous avions dénoncé la présence à l'école de guerre à Paris. Plutôt que de prendre les mesures conservatoires qu'impose la Convention contre la torture, la France avait facilité son rapatriement honteux à Nouakchott où Ould Taya lui avait fourni un placard qu'il occupe encore.

Il faut savoir gré à Mahamadou Sy pour son courage. Il faut lui savoir gré de l'insigne service qu'il rend à toutes les victimes de la barbarie. Les éléments précis qu'il livre ici permettront, ajoutés à d'autres témoignages déjà recueillis, de fonder les qualifications de crimes de torture, de crimes contre l'humanité et même de génocide. En particulier, à lire ces pages, on voit bien la volonté d'exterminer tous les militaires de la composante négro-mauritanienne. On ne peut douter qu'il s'est agi d'une action concertée et planifiée. Au-delà même du jugement des tortionnaires nommés ici et dont nous citions déjà les noms dans notre rapport de 1993, un jour viendra où un juge sera en mesure de rechercher jusqu'où allait la chaine de commandement. Personne alors n'aura de parapluie.

Enfin, et ce n'est pas le moindre mérite de Mahamadou Sy, il faut souligner que ses accusations n'ont aucune tonalité raciste. Les tortionnaires étaient des Maures ou des Haratines. Mais l'auteur souligne aussi que d'autres Maures et d'autres Haratines ont exprimé leur compassion pour la souffrance des Négro-africains. Ainsi dit-il son admiration pour ces habitants de Nouadhibou, Maures inclus, qui en 1989 remplissaient le coffre de leur voiture de lait, de pain, d'arachides, de boîtes de conserves qu'ils venaient offrir aux milliers de "Sénégalais" et autres Négro-Africains injustement enfermés à La Guerra.

Mieux: Sy cite les noms du sous-officier et du Maure qui, les premiers, dénoncent le crime dans les médias internationaux. On pourrait ajouter les nombreux avocats maures qui participent avec leurs confrères négro-africains au collectif de défense des victimes de la répression, honneur du Barreau de Nouakchott, un collectif dont les figures de proue sont un Maure, Maître Brahim Ould Ebetty, et un Négro-africain, Maître Diabira Maroufa. Et beaucoup d'autres Maures. De simples gens ou des descendants de nobles tribus, qui, une fois connu le crime, diront publiquement leur indignation et demanderont que justice soit faite.

A l'opposé d'un appel à la vengeance, l'œuvre sereine de Mahamadou Sy est un effort de réconciliation. L'apaisement des tensions passe nécessairement par la recherche et la proclamation de la vérité. La paix civile, pour être durable, exige la justice. Le pardon lui-même, outre qu'il ne peut être accordé que par la victime, ne peut pas s'accommoder du mensonge ou l'auto-amnistie.

André BARTHELEMY
Président d'Agir Ensemble pour les Droits de l'Homme.

Mise au point

Je tiens à préciser que le récit que vous allez lire n'est pas un roman, les noms des personnages, des lieux ainsi que les dates sont réels. J'ai tenu à relater la vérité telle que je l'ai vécue au cours de cette sombre période de l'histoire de mon pays, ma Mauritanie, sans en déformer quoi que ce soit pour deux principales raisons : la première étant de me permettre de vivre en paix avec moi-même, en révélant aux Mauritaniens, d'abord et au monde entier ensuite, jusqu'où la bêtise humaine et le fanatisme racial, caractérisés par l'intolérance, le refus et la négation de l'autre peuvent encore nous conduire à l'aube du troisième millénaire. La deuxième raison étant de chercher à éviter l'amalgame qui voudrait en milieu négro-mauritanien, que tout Maure (Mauritanien blanc) soit un tortionnaire ou un assassin. J'ai tenu, à cet effet, à nommer ceux que j'ai vus à l'œuvre tout en espérant que d'autres victimes témoigneront, elles aussi. Je reste persuadé qu'on ne guérira pas le mal en l'occultant. Et la Mauritanie ne pourra que grandir en réglant ce lourd passif humanitaire.

Certains passages seront pénibles à lire, surtout pour les parents des victimes, je le sais et leur présente d'avance mes excuses pour la peine qu'entraîneront forcément certains détails. Mais puisque le gouvernement mauritanien ne veut pas faire la lumière sur cet épisode et mieux, il continue à nier, j'estime alors qu'il est nécessaire de laver la mémoire des victimes en livrant à l'opinion nationale et internationale ce récit qui ne retrace que mon parcours dans quelques-uns des nombreux camps de tortures. Cette Histoire, la mienne, est aussi celle de toute une communauté, de tout un peuple.

Si j'ai survécu, ce n'est pas parce que j'ai eu un quelconque mérite, mais tout simplement parce que j'ai eu plus de chance que ceux qui y sont restés.

La question que je pose, aujourd'hui, au chef de l'Etat mauritanien et à ses subordonnés n'est pas de savoir ce que sont devenus les autres, ça je le sais déjà, mais plutôt **qu'avaient-ils fait** ou plus exactement qu'avions-nous fait ?

Paris, le 24 janvier 2000.
Mahamadou Sy

La Guerra

La Guerra est une petite ville située à huit kilomètres de Nouadhibou, la capitale économique de la Mauritanie. Autrefois, elle fut une ville florissante, construite sur le model occidental, elle attirait beaucoup d'étrangers à cause de son activité commerciale. C'était au temps où le Sahara occidental était une colonie espagnole. La Guerra était alors la deuxième ville du Rio de Oro. Le commerce y battait son plein. On y trouvait tout. Il n'était point besoin de se rendre en Europe pour trouver des produits occidentaux, La Guerra était une porte de l'Occident, à trois kilomètres de la frontière mauritanienne. Une route bitumée la reliait au tronçon Nouadhibou - Cansado, le quartier de résidence de la plupart des employés de la S.N.I.M (Société Nationale d'Industrie Minière). Aujourd'hui la ville est en ruine. La route est complètement envahie, à certains endroits, par les dunes de sable qui d'ailleurs, n'ont épargné que quelques maisons. Les rares habitations qui tiennent encore debout sont occupées par les familles de militaires de la base ou de pêcheurs. Les usines ont cessé de fonctionner depuis fort longtemps. Même le groupe électrogène qui alimentait la ville, s'est arrêté depuis 1985. D'ailleurs, il ne tournait plus que deux heures par jour, de vingt heures à vingt-deux heures.

Aujourd'hui, la principale activité de la ville est la pêche, à la langouste précisément. Au départ des Espagnols, la Mauritanie et le Maroc sont entrés en guerre contre le front Polisario, la population autochtone du Rio de Oro (Sahara occidental), pour le partage du territoire. Le Maroc devait occuper le nord du Sahara et la Mauritanie, le sud qui comprend la ville de La Guerra et Dakhla. Pour la Mauritanie, la guerre dura quatre ans avant qu'elle ne se retire du conflit et par là, du territoire Sahraoui. Elle conserve cependant La Guerra pour des raisons de sécurité, avec l'accord du Maroc et du Polisario. Le point central, terminal du minerai de fer mauritanien, se trouve à quatre kilomètres de La Guerra sans parler de la raffinerie de pétrole de Nouadhibou qui est encore plus proche. Ces deux installations étant à portée de n'importe quels obus de petit calibre, un affrontement entre le Maroc et le Polisario ne pourrait que constituer une grande menace pour l'économie mauritanienne, sans compter que la frontière séparant les deux territoires passe à moins d'un kilomètre de ces points stratégiques.

Je travaille ici depuis 1982, j'y ai occupé les fonctions de commandant d'escadron, d'adjoint au commandant de base puis de commandant de base.

Ce matin du 10 novembre 90, après avoir effectué le contrôle de mes effectifs, dans tous les pelotons, j'ai eu un entretien avec les pêcheurs. L'ordre du jour portait sur l'horaire du retour de la pêche en mer. Je leur avais fixé les heures de départ et de retour, cinq heures du matin pour le départ et vingt heures pour le retour. Ils doivent tous être de retour à vingt heures de manière à ranger leurs moteurs de pirogues dans un local du port de La Guerra. Ce dernier abritant des militaires avec leur matériel, je dois en limiter l'accès pour des raisons de sécurité. Mais il y a toujours quelques pêcheurs qui, sous un prétexte ou un autre, trouvent le moyen de rentrer beaucoup plus tard. Cela nous oblige à être en état d'alerte jusqu'au retour des retardataires. Je dois informer mes supérieurs de tout incident grave concernant la population civile de la localité. Et il y a souvent des chavirements de pirogues qui entraînent parfois mort d'hommes par noyade. Les langoustes ont la fâcheuse habitude de s'installer dans des endroits difficilement accessibles et les pêcheurs n'hésitent pas à prendre de très gros risques pour quelques kilos.

Après la réunion avec les pêcheurs, je fais mon courrier de la semaine et remets la correspondance à mon chauffeur qui la déposera à la base de commandement régional, à quinze kilomètres de La Guerra.

On est samedi, premier jour de semaine en Mauritanie. J'avais assuré le service de permanence du week-end pour permettre à mon adjoint d'assister à une cérémonie familiale.

Arrestation

A 18 heures, mon chauffeur n'est toujours pas de retour, il devait être là depuis deux heures déjà. Je charge alors le sous-lieutenant Bodde, mon adjoint, de lui dire de me rejoindre à la maison et je prends un taxi. Nous empruntons l'unique route bitumée qui traverse La Guerra. Une sentinelle nous arrête à la sortie de la ville, mais elle me reconnaît, et fait signe au taxi de continuer. Nous dépassons l'ancien poste de contrôle des douanes espagnol et celui de la Mauritanie. Ces constructions n'abritent plus que des chiens errants aujourd'hui. Nous traversons la voie ferrée et empruntons le tronçon Cansado - Nouadhibou. Sur la droite, se trouve le petit camp de militaires mariés, la Tour bleue. Cet ancien camp doit son nom à la couleur bleue de ses deux tours. C'est ici qu'était basé le commandement régional avant d'emménager à l'actuelle base Wajeha. Les anciens bureaux sont complètement en ruines mais quelques bâtiments en décrépitude, longeant une baie jonchée d'épaves de bateaux, abritent une dizaine de familles militaires.

Nous sommes à l'entrée de Nouadhibou quand un véhicule militaire, une Land-Rover, nous dépasse. Le chef de bord, que je reconnais, nous demande, à grand renfort de gestes, de nous arrêter. Je dis au chauffeur du taxi de ranger sa voiture. Le capitaine Mohmed Moctar Ould

Soueid'Ahmed me fait signe de venir. Je me dis que mon véhicule est certainement tombé en panne et que le Capitaine Ould Soueid'Ahmed qui est mon chef hiérarchique est peut-être venu lui-même me ramener comme cela lui est, parfois, arrivé. Le capitaine Ould Soueïd'Ahmed est issu de la première promotion d'officiers formés dans le pays, à Atar. A l'époque, la formation des officiers était faite en deux étapes, la première année, les admis sortaient sous-lieutenant de réserve, après une année de service sur le terrain, ils passaient un concours pour un stage d'application qui durait neuf mois sanctionnés par un examen. Ils sortent sous-lieutenant ; seuls ceux qui ont réussi à passer ces deux obstacles peuvent prétendre accéder au grade de lieutenant, deux ans après. Ould Soueïd'Ahmed a été à chaque fois major de sa promotion, c'est aussi un homme juste et pieux. Il me rend mon salut et m'annonce que le commandant de région militaire, le colonel Sid'Ahmed Ould Boïlil, demande à me voir. Je prends place entre lui et le chauffeur, le soldat de première classe Ndiaye Samba Oumar. Dans la voiture, je manifeste le désire d'en savoir un peu plus sur les raisons de cette convocation. Il me répond qu'il ne sait pas, qu'il lui a simplement été demandé de venir avec moi et que le colonel nous attend dans son bureau. Il n'y a rien d'anormal à cela, compte tenu de ma fonction. Ould Soueïd'Ahmed ne me pose même pas de questions pour savoir comment s'est passé le service du week-end. C'est plutôt cela que je trouve anormal. L'ambiance est tendue. Je saisis l'ambiguïté de la situation. Depuis quelques jours une rumeur court, faisant état de l'arrestation de militaires négro-mauritaniens. Deux officiers, le lieutenant Sall Abdoulmaye Moussa et le lieutenant Sall Amadou Elhadj, ont été arrêtés pour des raisons qui m'échappent, il est aussi question de sous-officiers et hommes de troupes. Le sergent chef Diallo Abdoulaye Demba, mon chef du peloton du port de La Guerra, a été convoqué à la base régionale pour une "mission". Il n'est toujours pas revenu et je ne sais plus que dire à son épouse qui vient presque tous les jours me demander quand Diallo sera de retour. Le véhicule tourne à droite pour emprunter la route qui passe entre la base marine et l'infirmerie de garnison. On aurait pu continuer sans emprunter cette route, mais on serait obligé de passer devant chez moi. Je comprends avec le recul que cette déviation n'était pas innocente.

Nous arrivons à la base Wajeha, le lieu de commandement régional. Il n'y a plus que le service de permanence et de sécurité en place. Le colonel Ould Boïlil n'est pas dans son bureau, il serait parti en visite d'inspection au PK 12, une position militaire située à douze kilomètres de la ville. Le capitaine Ould Soueid'Ahmed me dit de rester avec le lieutenant Naji Ould Manaba, en attendant le retour du colonel. Je remets au chauffeur du capitaine, le soldat de première classe Ndiaye Oumar Samba une somme d'argent que j'avais en poche, à remettre à mon épouse, le comptable est passé le mercredi à La Guerra pour la paye. J'ai sur moi mon salaire et celui de mon ordonnance. J'explique à Ndiaye la répartition de la somme. Je sais qu'en remettant cet argent à ma famille, Ndiaye sera amené à leur expliquer que je suis retenu à la région militaire. J'ai déjà compris que ce soir je ne rentrerai pas à la maison. Le colonel Ould Boïlil n'effectue jamais de visite d'inspection la nuit. Voilà six ans que je travaille avec lui et, aussi loin que je m'en souvienne, je n'ai jamais vu ou entendu un de mes collègues parler d'une visite nocturne du colonel Ould Boïlil. De son travail, il se contente de faire le strict minimum. Le lieutenant Naji, responsable de l'escadron de commandement régional, et moi, nous nous rendons au mess des officiers. Je reste là, seul, à attendre dans l'une des pièces qui servent de chambres pour officiers de passage ou de salle d'arrêts de rigueur. Le lieutenant Naji Ould Manaba ne sait pas pourquoi je suis là, et il n'a pas non plus la moindre idée de l'endroit où peut être le colonel. Il m'a semblé tout à l'heure que l'information selon laquelle le colonel était en visite au PK12 venait de lui. Et voilà qu'il ne s'en souvient plus.

Tard dans la nuit, le lieutenant Ould Manaba entre dans la chambre, accompagné de quatre soldats en armes et me somme d'enlever mon ceinturon, mes épaulettes et mes rangers. Je lui en demande les raisons. Il me répond qu'il ne fait qu'exécuter les instructions de ses supérieurs. Je cherche à comprendre ce qui se passe sur son visage mais impossible de croiser le regard du lieutenant Ould Manaba. Nous avons lui et moi souvent joué ensemble aux échecs ou au jeu de dame. Il s'était tissé de bonnes relations entre nous. Je comprends sa gêne à exécuter un ordre pareil. Donc, soit le colonel est de retour de "sa visite", soit, après avoir été informé de ma présence, il a donné des instructions précises-me concernant. Dès qu'Ould Manaba sort, les soldats se ruent sur moi pour me ligoter et me bander les yeux. Ils appartiennent à la formation de l'artillerie lourde, la batterie des 105 mm, basée dans l'enceinte de la garnison régionale et placée sous le commandement du lieutenant Lobatt Ould Mohamed. Ces militaires s'étaient montrés les plus cupides et les plus répressifs lors des événements ayant opposé la Mauritanie au Sénégal en 89. D'ailleurs, ma montre est retirée tout de suite et quelqu'un me fait les poches, j'ai été bien inspiré de remettre à Ndiaye Samba Oumar l'argent que j'avais sur moi. Les yeux bandés, je suis littéralement soulevé de terre et jeté dans un camion où j'atterris sur d'autres militaires ficelés comme moi. Parmi eux, je ne reconnais que l'adjudant chef Konaté Kalidou, le chef de garage régional. Je le reconnais à sa voix. Nous avions eu, lui, l'adjudant Diop Bocar Bayal, et moi, par le passé, à faire plusieurs parties de pêche ensemble ; nous prenions une barque pour nous approcher des épaves des bateaux de la Tour bleue où il y avait en général beaucoup plus de poissons qu'ailleurs, surtout les dorades dont nous raffolions. Dans le camion, nous avons tous les yeux bandés. Le temps d'embarquer deux autres "colis" et le camion se met en route. Nous sommes entassés les uns sur les autres et serrés comme des sardines et n'avons aucune idée de notre destination. Les gardiens nous tabassent tout le long du parcours. Je commence à me faire une idée précise de ce qui nous attend.

Deux ou trois fois, le camion s'arrête pour embarquer d'autres prisonniers ou pour permettre aux gardiens de se débarrasser de cadavres de prisonniers morts, asphyxiés sous le poids de leurs camarades. Nous ne voyons rien et par conséquent ne pouvons savoir avec exactitude de qui il s'agit. Une fois je sens contre mon pied, le contact froid d'un corps qu'on tire. "Il est mort, dit une voix, l'autre aussi, sors-le !" L'un de nos gardiens répond : "Je crois qu'il vit lui". Le premier reprend : "descends-moi celui-là". Ce doit être un gradé qui parle. La voix m'est vaguement familière. Elle me parvient déformée comme s'il parlait à travers un voile, la personne doit parler à travers son turban. Suit aussitôt le bruit sourd d'un corps que l'on jette par terre. A peine le prisonnier désigné touche-t-il le sol que ses cris déchirent la nuit, la bastonnade est brève mais d'une rare violence. C'est au cours d'un de ses arrêts, que quelqu'un décide de me débarrasser de mon blouson et de mes chaussettes : "Tu n'en auras pas besoin là où tu vas aller", me dit-il. Le blouson m'avait été offert par mon frère qui réside en France, Abou Sy, lors de son passage à Nouadhibou en 1986. Une autre voix reprend, celle du gradé : "Fouillez les autres aussi, mais je ne crois pas que ces salauds du P.C. (poste de commandement régional) nous ont laissé quelque chose". Nous sommes dans une base militaire. Il y a beaucoup de bruits de véhicules de type Land Rover et de Sovamag. J'entends aussi le bruit d'un train qui s'arrête. Pas de doute, on est à Boulanouar. C'est la seule base de la région à être aussi proche d'une voie ferrée. J'ai, par le passé, travaillé dans cette base et ce bruit m'est très familier, ma maison à l'époque était juste en face de la voie ferrée. Boulanouar se trouve à 96 kilomètres de Nouadhibou. La région de Boulanouar est très riche en nappes aquifères, les canalisations qui alimentent Nouadhibou prennent source ici, c'est également d'ici que sont ravitaillés presque toutes les villes et campements qui longent la voie jusqu'à Zouerat, la ville minière du pays, un train, appelé communément train d'eau, remplit des cuves d'eau et alimente tout le monde sur sa route. De temps à autre, un faisceau de lumière est fixé sur mon visage. Je ne distingue pas ce que se disent les soldats qui braquent sur mon visage le faisceau de leur lampe mais j'entends à plusieurs reprises mon nom cité dans leurs propos. Après nous avoir délestés de nos montres, bracelets, bagues et tous ce qui pouvait avoir une valeur si minime soit-elle, nos convoyeurs jettent d'autres prisonniers sur nous et le camion se remet en route. Je suis déplacé vers le fond du camion pour faire de la place aux nouveaux compagnons. La piste est en très mauvais état, le trajet, chaotique et une pluie de coups s'abat sur nous à chaque plainte. Quelqu'un me tire par les bras pour me traîner vers le fond du camion, j'ai dû glisser de ma position certainement à cause des secousses.

Inal

Le 11 novembre au matin, le camion ralentit et s'immobilise dans la base militaire d'Inal, un coin perdu dans le Nord de la Mauritanie, à 255 km de Nouadhibou, le long de la voie ferrée. La ville d'Inal ou plus exactement le hameau, se situe à quelques huit cents mètres à l'est de la base militaire. Une piste poussiéreuse traverse le terrain vague qui les sépare. C'est sur ce terrain que se déroulent les compétitions sportives entre la population civile de la localité et les militaires. Je connais aussi ce camp pour y avoir travaillé quatre mois en 1988 après le putsch manqué de 1987. J'étais muté ici en qualité d'adjoint au commandant de base. Un grand mur empêche de voir ce qui se passe dans la caserne à partir de la ville, l'accès, constamment surveillé par un poste de garde, se trouve au milieu de ce mur. Les autres façades sont délimitées par une digue de sable. Deux chaînes rocheuses bordent la base au nord et au sud, la rendant pratiquement invisible aux voyageurs à bord du train qui passe à peu près à six cents mètres seulement de là. La base d'Inal est construite dans une batha, une sorte de vallée. A l'ouest se trouve un terrain que j'avais aménagé en terrain de foot lors de mon précédent séjour. C'est sur ce terrain-là que se déroulaient les entraînements et les compétitions entre les pelotons, toutes les activités qui ne nécessitaient pas la présence de la population civile. La place d'armes est au centre du camp, en face, trône la maison du commandant de base avec les bureaux et, juste à côté, un appartement qui fut jadis le mien et plus loin, les baraquements abritant les sous-officiers puis ceux des hommes de troupes. Ensuite viennent les hangars de voitures. Ils font face au terrain de foot. Les murs, de construction très rudimentaire, sont faits de briques en terre. Pour soutenir la toiture, la charpente est dressée à l'aide de rails coupés et de traverses de rails, en fer, serrées les unes contre les autres. Pour recouvrir le toit, comme pour les briques destinées à bâtir les murs, il faut creuser afin de trouver un sol de consistance argileuse. Quant aux portes, c'est tout simplement le système "D", tôle de fûts défectueux, des planches récupérées à partir de caisses de munitions, mais la plupart du temps, on se contente d'un rideau de fortune : toiles de tente, vieilles couvertures ou simplement des sacs de riz en toile de jute.

Le camion s'arrête quelques minutes, je suppose que c'est pour donner le temps au chef de poste de prévenir le capitaine Sidina Ould Taleb Bouya, le commandant de base. Nous avions lui et moi travaillé ensemble quelques années auparavant, sous des cieux plus cléments. En attendant, des soldats tournent autour du camion en se donnant des informations les uns les autres. Quelqu'un appelle un caporal répondant au nom de Ould Demba pour lui dire qu'il y a parmi les prisonniers un officier et quelques sous-officiers supérieurs. Des insultes fusent de partout. Le jour commence à se lever, je peux distinguer sous mon bandeau le corps d'un soldat couché tout près de moi. Je ne me hasarde cependant pas à essayer de voir ce qui se passe au-delà du camion. J'ai vite appris qu'il est plus sage de ne pas chercher à identifier nos tortionnaires. Il y en a qui ont payé cher pour moins que ça. La moindre question entraîne toujours une sévère répression de la part de nos gardiens. Tout est prétexte à rouer de coups, une parole, une plainte, un chuchotement, tout. Le silence se fait tout d'un coup. "Allez-y", dit une voix. La portière arrière du camion s'ouvre et des mains nous saisissent par les bras, par les pieds. Nous sommes jetés sans ménagement au sol. J'entends qu'on s'acharne sur les prisonniers : dès qu'ils touchent le sol, les soldats se ruent sur eux en les arrosant de coups. Je suis séparé de mes compagnons d'infortune, on me retire la corde qui m'entrave les pieds pour me conduire dans un local et on me ligote de nouveau. Il fait froid tout à coup. "Bienvenue lieutenant", la phrase me parvient en même temps qu'une gifle. Je reconnais cependant la voix du capitaine Sidina à qui je dois cette claque magistrale. "Amlouh", occupez-vous de lui, dit-il, l'expression signifie en maure, préparez-le. Des mains m'agrippent, m'allongent sur le sol. Quelqu'un me détache les mains pour m'enlever ma veste. Je reçois à nouveau un coup de pied dans les côtes, cette fois. Puis c'est l'enfer, les coups s'abattent sur moi de plus en plus violents. Au début, j'essaie de résister à la douleur mais elle se fait très vite insoutenable. Je sombre dans l'inconscience. Quand je reviens à moi, je suis attaché à un poteau servant à soutenir la toiture de la pièce. C'est fait de sorte que je ne puisse adopter que la position assise : le poteau est placé entre mes mains et mon dos. Ma corde aux pieds est remplacée par une chaîne avec un cadenas au milieu. Je sens une présence dans la pièce. Un autre prisonnier peut-être, non. Il s'agit d'un soldat de la base, de passage. Il me parle en hassaniya, langue maure.

- Il paraît que tu es un Sy ?

- Oui, pourquoi ?

- Dans ce cas, tu es un Maure et non un Peulh.

- Je ne suis pas un Maure mais un Peulh, certes c'est un nom qu'on trouve dans les deux communautés mais moi je suis Peulh.

Le nom Sy est d'origine arabe, c'est le diminutif de Sidi ou Seyid qui signifie maître, seigneur ou tout simplement monsieur, dans le sens de celui qui dispense un savoir. Il paraît que j'ai dans mon arbre généalogique un certain Chamsdine, mon onzième grand-père. Dans le cadre de l'expansion de l'Islam, Chamsdine a traversé la Mauritanie pour finir sa vie dans la partie sud du pays. Il prêchait la Tidjaniya qui représente la majeure partie des musulmans de l'Afrique de l'ouest. Ce serait la référence des Smassides, la tribu du président Ould Taya. Smassides veut dire "ceux de Chamsdine" sous-entendu les "adeptes de Chamsdine". A cet effet, le nom Sy se rencontre très souvent dans l'une ou l'autre communauté des Mauritaniens, l'orthographe peut cependant varier, au Maroc il s'écrit "Si" et dans le milieu peulh, "Sih" ou "Sy". De toute façon, ce n'est pas lui qui me sortira de ce pétrin.

-Tu n'as pas l'air méchant ; je vais te donner un conseil.

Il marque un temps, attendant que je lui demande en quoi consiste ce conseil avant d'ajouter :

-Il faut leur dire tout ce que tu sais.

-Mais qu'est-ce que je dois dire ? Je ne sais même pas pourquoi je suis ici. Jusque-là, personne ne m'a encore expliqué ce que je fais là et on ne m'a pas posé la moindre question.

-Raconte n'importe quoi mais dis-leur quelque chose, ensuite, quand ils te frappent, il faut crier sinon ils n'arrêtent pas.

Sur ce, il s'éloigne et j'entends entrer un groupe. Mon bandeau est violemment arraché, cette rupture brutale avec l'obscurité me fait mal aux yeux. Je reconnais dans le groupe devant moi deux personnes, le lieutenant Rava Ould Seyid et le sous-lieutenant Ely Ould Ahamed. Tous les deux ont servi successivement sous mes ordres comme adjoints à La Guerra. Ils ont partagé régulièrement mes repas. Etant tous les deux célibataires, je leur avais ouvert les portes de ma maison pour leur éviter de manger à la cuisine collective. Aussi me dis-je que je vais pouvoir obtenir enfin une explication. Mais sur leurs visages, je ne lis que mépris et une haine inexplicable à mes yeux. Ely me donne un coup de rangers dans la cuisse gauche et me crache au visage tandis que Rava, lui, me traite de tous les noms. Ely arrache le ceinturon d'un soldat qu'il passe autour de mon cou, prend un bout et tend l'autre à Rava. Ils se mettent à tirer chacun de son côté jusqu'à ce que je perde connaissance. On me ranime avec un seau d'eau. "Alors connard, raconte", dit Ely. Il s'est exprimé en maure. Je lui réponds que je ne comprends pas, que je n'ai rien à raconter et que par-dessus tout je souhaiterais que quelqu'un m'explique ce qui se passe. Nouvelle séance d'étranglement par mes deux anciens pensionnaires. Elle est douloureuse, la reconnaissance du ventre. J'aurais dû les laisser crever de faim, peut-être qu'ils auraient eu moins d'énergie pour serrer aussi fort. Le même ordre revient, "roud", "raconte". Même réponse. Alors pris d'une fureur que je ne comprends toujours pas, ils se jettent sur moi, criant, injuriant, me frappant n'importe où, me jurant que je leur dirai la vérité. Je me souviens des conseils du mystérieux soldat mais je ne sais vraiment pas quoi dire pour qu'on me laisse enfin en paix. Ils ordonnent aux soldats qui les accompagnent de s'occuper de moi. Je suis détaché et mis à plat ventre pour que chacun puisse profiter d'une parcelle de ma peau où frapper. Les soldats sont armés de gourdins, de fils de fer, de ceinturons, de cordes et de lanières. Les deux officiers s'en vont ; on recommence à me taper dessus. J'ai l'impression qu'un ouragan me passe dessus. Les coups s'abattent avec une telle violence qu'il ne m'est même pas nécessaire de feindre des cris de douleur. Quand ils s'arrêtent, tout mon corps n'est qu'une plaie. Le sang colle mes vêtements à ma peau. Mon pantalon treillis a été enlevé et remplacé par un vieux pantalon de sport de couleur bleu foncé. Je ne sais par qui ni à quel moment cette substitution à été effectuée. Il faut dire que l'arrestation d'un gradé donne l'occasion à certains soldats de renforcer leur paquetage, veste, pantalon, casquette, tout est bienvenu. Puis sans mot dire, on me ramène à mon poteau, je reste seul. Pas pour longtemps : le caporal Ould Demba entre accompagné d'un soldat, et me jette au visage:

- Je viens pour prendre ma part, salaud. Je passerai tous les jours te donner ton petit déjeuner, ton déjeuner et ton dîner.

Je me méprends sur le sens de ses propos et me dis que c'est certainement lui qui doit s'occuper de l'ordinaire de la base. Lors de mon précédent passage à la base d'Inal, ce caporal n'y était pas. Je me dis: " En voilà au moins un qui ne pense pas qu'à me torturer". Il s'approche de moi, défait son ceinturon qu'il passe autour de mon cou et tend l'autre bout à son compagnon. Ils se mettent à serrer. Au début, je fais semblant de perdre connaissance, je pends la langue et penche la tête pour qu'ils me laissent; mais ça ne prend pas, au bout de quelques secondes, je sombre vraiment dans l'inconscience. Quand je reprends mes esprits, ils sont toujours là à me regarder avec un sourire de satisfaction sur les lèvres, ils étaient fiers de leurs exploits. "Je reviens pour le déjeuner tout à l'heure" me dit-il. En effet, il reviendra à midi, puis le soir et ce sera ainsi pendant toute la période que je passerai dans cette pièce. Quand les tortionnaires ne sont pas dans la pièce, c'est qu'ils sont en train de faire souffrir d'autres victimes ailleurs. J'entends des plaintes de partout dans la base, je les entends aussi clairement que les coups qui les provoquent. Pour certains des tortionnaires, c'est l'occasion de faire payer tel officier ou tel autre gradé pour avoir eu par le passé à refuser de lui accorder ne serait-ce qu'une autorisation de sortie, c'est l'heure des règlements de tous les petits contentieux en souffrance.

Vers treize heures, un soldat entre avec un plat de campagne qu'il dépose devant moi. Il me libère une main pour me permettre de manger. Il y a dans le plat une pâte toute noire. Elle est faite à base de riz avarié, cuit simplement dans l'eau, cela n'a aucun goût, aussi refusé-je de manger cette horreur. Même un animal n'aurait pas accepté de toucher à ça. Ce refus m'attire le courroux du soldat qui s'acharne sur moi à coups de ceinturon, après m'avoir rattaché. J'ai toujours les mains attachées derrière le dos, et le poteau est toujours là, entre mon dos et mes mains. Sa colère attire d'autres soldats qui se joignent à lui. "Monsieur fait la fine bouche? On va te donner un repas digne de ton grade". Cette fois, ils ne prennent même pas la peine de me détacher pour me passer à tabac. Je reconnais quelques visages mais ne cherche même pas à leur mettre un nom. Mon souci principal est de savoir comment protéger mon visage des coups, à n'importe quel moment je peux recevoir un ceinturon ou une chaussure dans l'œil.

Pour les éviter, je remonte mes genoux aussi haut que me le permet ma position et y blottis ma tête, essayant de réduire la surface exposée aux coups. J'ai dans la bouche le goût salé du sang, c'est mon nez qui saigne. Je ne sais pas à quel moment j'ai reçu le coup.

Quand le caporal Ould Demba se présente le soir du premier jour, pour la troisième séance d'étranglement, sans attendre qu'il soit devant moi, je lève le menton et lui tends mon cou. Par ce geste, j'essaie simplement de lui dire de faire vite sa sale besogne et de me ficher la paix après: puisque je ne peux y couper, autant en finir le plus vite possible. Mais ce geste déclenche une très grande colère chez mon caporal étrangleur. Du coup, j'ai droit à trois étranglements au lieu d'un. Au deuxième, je suis réanimé par une flamme de briquet. Je sens une violente douleur sur l'avant-bras gauche et pousse des cris en ouvrant grand les yeux. Je vois les deux soldats tordus de rire sans en comprendre la raison. C'est plus tard que je saurai ce qui s'est passé: ils m'ont appliqué la flamme d'un briquet sur l'avant-bras et ils se délectent simplement de ma souffrance. Le second soldat veut s'en aller mais le caporal Ould Demba lui demande de lui tenir l'autre bout du ceinturon encore une seule fois. Après avoir hésité un tout petit peu, il accepte et je plonge pour la troisième fois dans le néant. Je me promets de ne plus jouer à ce jeu avec Ould Demba, ce type n'a même pas le sens de l'humour, j'ai vraiment failli y rester.

Le soir, je ne peux dormir, je tente, à travers les hurlements de douleur, d'identifier les voix des suppliciés mais impossible. L'obscurité est déchirée par cette clameur sauvage. Quand elle s'arrête, la nuit est déjà très avancée : un camion vient d'arriver avec d'autres prisonniers. Tous les tortionnaires se ruent vers les nouveaux arrivants. Des cris fusent peu après, ils viennent de découvrir l'enfer d'Inal. Ici, quand les cris cessent quelque part, c'est pour reprendre aussitôt ailleurs. Un soldat entre à nouveau dans ma cellule qui, en fait, est tout simplement une ancienne chambre de sous-officiers, sans porte, donc à la portée de n'importe qui. Le soldat s'approche de moi et me dit : "Mon lieutenant, il faut leur raconter n'importe quoi, pour qu'ils te laissent en paix". Je n'arrive toujours pas à savoir qui est ce soldat qui semble compatir à ma douleur. Sa voix est presque suppliante. Son comportement est vraiment différent des autres soldats tortionnaires. Je suis sûr qu'il aimerait se trouver ailleurs que dans ce coin perdu. J'apprendrai beaucoup plus tard qu'il appartient au premier groupe de prisonniers arrêtés à Aleg. En effet, les arrestations ont commencé à Aleg, dans le sud de la Mauritanie. Nous ne saurons ce qui s'est passé à Aleg qu'une fois sortie de ces geôles.

Youba Keïta, c'est son nom, est arrivé à Nouadhibou avec un groupe de vingt-cinq prisonniers. Il est métis de mère haratine, descendante d'esclaves de Maures et d'un père négro-mauritanien. Après avoir été torturé comme nous, il change de statut, de prisonnier, il passe de l'autre côté de la barrière. Les soldats ont réussi à lui faire renier sa partie négro-mauritanienne. Ils seront seulement deux à survivre de ce groupe de vingt-six prisonniers avec lesquels ils étaient venus, Ahmed Salem et lui. Tous les deux sont des métis, d'un parent négro-mauritanien et d'un autre, haratine, cela souligne assez clairement que la volonté d'épuration de la part des autorités de Nouakchott vise seulement les Négro-mauritaniens, du moins pour le moment. Tandis qu'Ahmed Salem rivalise de cruauté avec ses anciens tortionnaires, Youba, lui, cherche toujours à donner des conseils aux prisonniers dès qu'il en a la possibilité. Ce qui bien entendu ne l'a pas empêché de prendre part aux passages à tabac, il faut bien justifier son statut. Je n'aurais aucun mal à le neutraliser si j'avais les mains libres. En principe, un train devrait passer dans une heure environ si mes souvenirs sont exacts. Pourquoi ne pas tenter ma chance ? Je lui demande à boire. Il me ramène peu après de l'eau dans une gamelle et me fait boire en tenant le récipient. Je demande alors à aller me soulager mais il va chercher un gradé pour la seconde doléance. Ils me retirent les liens des mains et me disent de sortir. Il fait frais à l'extérieur. Une nuit sans lune mais pleine d'étoiles. Je me déplace à petits pas de trente centimètres environ. C'est la longueur que me permet ma chaîne. Je me risque à jeter un coup d'œil sur ma droite d'où me parviennent les plaintes. Je découvre les masses sombres et menaçantes de deux camions bâchés. Je n'ai pas entendu arriver le deuxième. Je distingue également des ombres qui s'acharnent sur des formes étendues au sol. Des autres baraquements à ma gauche montent d'autres cris. Une de ces voix répète sans cesse "lâ illaha illa Allah" (il n'y a de dieu qu'Allah). Cette formule semble attiser la colère de son tortionnaire, elle est ponctuée de gémissements consécutifs aux coups que reçoit la victime. Le tortionnaire veut imposer le silence à sa victime, celle-ci invoque l'aide divine. Des gémissements, des plaintes et des cris de douleur, il n'y a que cela, cette nuit. J'atteins la digue, mais le plus dur reste à faire, la gravir avec ma chaîne aux pieds. Mes accompagnateurs m'indiquent un petit passage large d'un mètre à peu près. Ils restent à deux mètres de moi avec une arme de calibre 7,62m/m, un Fal (fusil d'assaut léger) braquée sur moi. Au loin, je vois une lumière qui se déplace, j'entends le bruit caractéristique du train minéralier. Il en passe quatre fois par jour à Inal, deux en direction de Zouerat d'où ils chargent le minerai de fer et deux autres en direction de Nouadhibou où le minerai est embarqué dans des bateaux minéraliers. Dans quinze à vingt minutes, il sera à ma hauteur et s'arrêtera pour quelques minutes, voire une heure. Je me surprends à rêver, je me vois débarrassé de ma chaîne, courant très vite, m'approcher du train et monter avant même qu'il ne s'arrête. Je sauterai avant le prochain arrêt, à Tmeïmchatt pour reprendre le chemin inverse. Ensuite j'irai jusqu'à Nouadhibou d'où je pourrai rejoindre la capitale. Mais tout cela est loin d'être réalisable, le fusil pointé sur moi m'abattrait au premier geste suspect. Et d'ailleurs, mes gardiens me demandent de me dépêcher. Ils sont pressés de rejoindre les autres pour ne rien rater de la fête que constitue ce nouvel arrivage de prisonniers. Je me remets en route, ils ont fini de débarquer les prisonniers et s'en vont tous, maintenant, en direction des hangars. Je découvre qu'il y a une sentinelle postée dans l'ombre au coin de ma cellule. Je ne l'avais pas remarquée de la journée. Ce doit être un poste de nuit. La sentinelle se dirige vers le chef de poste. Ce dernier promet de lui envoyer quelqu'un pour le remplacer. Je reprends ma place près du poteau, mes mains sont à nouveau attachées. Ils m'abandonnent et courent rejoindre les autres. Je termine la nuit à essayer de chasser tous ces cris de mon esprit. Le matin, dès que la lumière se fait dans la pièce, le caporal Ould Demba, accompagné d'un nouveau soldat, arrive pour la séance d'étranglement. Les jours suivants se passent de la même façon, avec leurs cortèges de camions bâchés qui déclenchent toujours une ruée des tortionnaires vers les nouveaux arrivants, les inévitables passages à tabac et les tout aussi inévitables séances d'étranglements.

Au quatrième jour, le lieutenant Yézid Ould Moulaye Ely, officier de renseignements de la région, entre dans la pièce. Cet officier, d'une trentaine d'années environ, à l'époque, est surtout célèbre pour son penchant pour la bonne cuisine ; il doit peser au moins cent vingt kilogrammes pour une taille d'à peine un mètre soixante-cinq. Il me regarde droit dans les yeux et me dit :

- Je crois que tu as eu le temps de réfléchir ? Maintenant, je t'écoute. Raconte.

- Cela fait quatre jours qu'on me demande la même chose. Je voudrais bien savoir ce qu'il faut raconter. J'aimerais tout simplement savoir ce qui se passe. Je ne sais absolument pas ce que l'on attend de moi.

- Ne me raconte pas de conneries, tu sais très bien ce que je veux, Sy. Sais-tu que ton ami Sall est là ? Lui nous a tout raconté, il n'a pas nié. Mais puisque tu veux jouer les durs, on va voir. Et sur ces mots, il sort pour revenir quelques heures plus tard.

- Tu sais Sy, moi j'ai tout mon temps, ce n'est pas ton cas. Tu finiras par tout me dire comme ton ami, alors autant le faire dès maintenant, cela t'évitera des désagréments inutiles.

- Je ne vois toujours pas où vous voulez en venir. Que voulez-vous savoir exactement ?

- Et si on commençait par le putsch de 87 ?

- Je n'ai rien à dire sur ce sujet et vous le savez très bien. J'ai été entendu à Nouakchott, je suis sûr que vous êtes bien renseigné sur les conclusions de cette convocation.

- Je sais que tu étais au courant du coup d'Etat de 87 et que tu n'as pas voulu le reconnaître. Tu as réussi à passer à travers les mailles du filet en 87. (Il marque un temps d'arrêt, pour me faire comprendre qu'il n'est pas aussi bête que les enquêteurs de l'état-major national de Nouakchott de l'époque). En plus, pendant le conflit sénégalo-mauritanien, tu as pratiquement protégé les Sénégalais. Tu leur parlais en wolof pour que les Mauritaniens ne comprennent pas ce que tu disais.

Le wolof est la langue nationale du Sénégal. Mais Yézid oublie qu'en Mauritanie, il y a une communauté wolof au même titre que les Soninkés, les Peulhs, les Haratines et les Maures.

En fait, depuis le conflit survenu entre le Sénégal et la Mauritanie en 89, tout ce qui se rapproche du wolof est désormais sénégalais, pour ne pas dire tout ce qui est noir. Certains responsables maures en sont même venus à carrément changer leur nom tout simplement parce qu'il était d'origine négro-mauritanienne ou seulement pour témoigner au pouvoir leur degré de patriotisme.

- Ecoute, lui dis-je en passant moi aussi au tutoiement, je crois que notre conception de la protection des personnes n'est pas la même. Le colonel Ould Boïlil m'avait dit de mettre ces "Sénégalais" en sécurité en attendant la mise en place du dispositif de "leur rapatriement". Il ne m'a à aucun moment été dit que je devais être violent avec ces personnes.

En 1989, un incident banal opposant éleveurs mauritaniens et cultivateurs sénégalais avait donné au régime du colonel Ould Taya l'occasion de régler une fois pour toute la question des Négro-mauritaniens.

Avril 89, je suis commandant de base de La Guerra, nous sommes en plein mois de Ramadan, je viens de finir ma journée de jeûne, quand le colonel Ould Boïlil m'appelle au poste des transmissions pour me dire que j'allais recevoir des personnes à mettre en sécurité. Sur le moment, je n'en apprendrai pas plus. Je m'attends à voir débarquer quatre ou cinq personnes. J'ai appris qu'il y a eu des manifestations à Nouadhibou, je me suis donc dit qu'il doit sûrement s'agir des meneurs des manifestations. Certainement le colonel veut mettre les meneurs à l'abri en attendant que la situation se calme. C'est bien la première fois que pareille situation m'arrive. J'ordonne au chef de poste d'aménager une pièce pour recevoir cinq ou six personnes. Mais grande est ma surprise en voyant deux camions entrer dans la base. L'adjudant Diop Bocar Bayal descend du premier camion et vient vers moi. Il n'a pas son sourire habituel et semble vraiment embarrassé. En réponse à mes nombreuses questions, il m'explique qu'il se passe quelque chose d'horrible entre Mauritaniens et Sénégalais ou plus exactement que les Sénégalais font l'objet de passage à tabac d'une brutalité si violente qu'il y a eu plusieurs morts. Ces violences sont systématiquement suivies de pillages des domiciles. Il me fait aussi comprendre que ces deux camions ne représentent même pas le dixième des Sénégalais qui doivent être acheminés à La Guerra cette même nuit. Il doit repartir avec les camions, il est attendu au commissariat de police de Nouadhibou où près de mille "Sénégalais" ont été regroupés en attendant d'être acheminés sur La Guerra. Ceux qui descendent de ces camions sont très mal en point. Beaucoup d'entre eux présentent de graves blessures. Ils ont plus besoin d'aide que d'autre chose, chacun d'eux a perdu quelque chose ou quelqu'un de proche. Je me mets au travail pour essayer de trouver de la place pour tout le monde mais dès le lendemain, il ne m'était plus possible de les regrouper tous dans la base proprement dite. Le va-et-vient des camions dure toute la nuit et les jours suivants. Au bout des quatre premiers jours, ils étaient plus de cinq mille dans la localité. Il y avait plusieurs nationalités, des Sénégalais, des Maliens, des Guinéens, des Bissau Guinéens et des... Mauritaniens. Pour les non sénégalais, il n'y avait pas de problème à les renvoyer à Nouadhibou ville après vérification de leur identité ce qui n'est pas chose facile, dans la mesure où, à Nouadhibou, c'est l'effervescence. Les contrôles sauvages se multiplient, ceux qui en sont victimes se voient retirer et déchirer leurs papiers, avant d'être pillés puis embarqués dans les camions pour La Guerra. Seuls ceux qui ont réussi à soustraire au contrôle une pièce d'identité ou un permis de conduire ont pu bénéficier de cette opportunité, si toutefois on peut appeler ça une opportunité. Il se peut très bien qu'ils retombent entre les mains d'autres casseurs. Ce qui est sûr, par contre, c'est qu'ils ne trouveront pas le plus petit meuble à leur retour chez eux. Je me suis fixé comme objectif de rassurer tout ce monde en leur apportant un soutien moral. Je m'adressais à eux dans les langues dans lesquelles je pouvais mieux être compris, en l'occurrence le wolof ou le peulh, en leur expliquant aussi que tant qu'ils seraient dans la base, je m'engagerais à assurer leur sécurité. Ce que, bien entendu, je ne peux leur garantir que dans les limites de la localité placée sous mon autorité.

La veille des événements, le colonel Ould Boïlil convoqua tous les officiers de la région à l'exception des Négro-mauritaniens. Il les entretint de l'inadmissibilité du comportement des Sénégalais à l'égard des Mauritaniens résidant au Sénégal.

A Dakar, comme dans beaucoup de villes africaines, le petit commerce est détenu par des Maures. Ces petites boutiques sont très appréciées car on y trouve tout et sont ouvertes très tard dans la nuit. Dakar regroupe le quart de la population sénégalaise. Pendant des années, cette ville a été l'Eldorado de l'Afrique de l'ouest. Ce n'est plus le cas aujourd'hui. Elle abrite comme beaucoup d'autres capitales de pays en voie de développement, son lot de jeunes chômeurs désœuvrés, et de délinquants aussi.

Dès les premiers incidents sénégalo-mauritaniens, des bandes de délinquants se ruèrent sur les boutiques maures pour se servir et molester leurs propriétaires. La médiatisation des événements contribua fortement à échauffer les esprits des deux côtés de la frontière. De part et d'autre, les gouvernants, au lieu de lancer des appels au calme, laissèrent faire, et, pour ce qui les concerne, les autorités mauritaniennes organisèrent même les débordements.

C'est ce qui se passait en ce moment même au sein du groupe d'officiers réunis autour du colonel Ould Boïlil. L'indignation des uns renforçait la colère des autres. Il ne fallait pas se laisser faire, une réaction s'imposait. Ould Boïlil leur dit qu'une riposte était prévue pour demain sur tout le territoire mauritanien et que cette riposte ne s'arrêterait pas qu'aux Sénégalais, comprenne qui peut.

Dans la soirée, certains officiers iront trouver quelques-uns uns de leurs "amis" sénégalais, des entrepreneurs, couturiers ou commerçants, pour les prévenir de ce qui allait se produire le lendemain. Cette démarche n'était pas désintéressée, convaincus qu'ils ne reverraient plus ces personnes, ils les conduisirent chez eux. Après s'être fait confier tous leurs biens, argent, voitures et maisons, ils les amenèrent eux-mêmes à la police, le lendemain.

Le lendemain matin, à partir de sept heures, des groupes de Mauritaniens encadrés par des responsables entrent dans tous les domiciles occupés par des Sénégalais. Mais très vite, la violence est étendue à d'autres Noirs, les premières victimes de cette déviation voulue sont les Peulhs les plus aisés, ils sont tabassés puis pillés. Des Haratines ont été déplacés de la campagne pour cela, ils sont plus enclins à l'obéissance que ceux des villes. Bientôt la fièvre et l'appât du gain gagnent les autres Haratines. L'armée, la police et la gendarmerie n'interviennent qu'à quatorze heures. Cette passivité aussi a été planifiée par l'autorité en place, le colonel Boïlil. Les militaires rejoignent les pillards et font des pieds et des mains pour combler leur retard dans la chasse au trésor, les officiers en tête.

A la fin du cinquième jour, deux personnes viennent me voir pour me dire ne pas comprendre leur présence ici alors qu'ils sont des Mauritaniens. Ils ont tous deux leurs cartes d'identité. Je les mets dans un camion en précisant au chef de bord du camion qu'ils doivent être déposés chez eux. Puis dans l'après-midi, un Mauritanien, métissé maure et haratine, vient me voir et dit, au bout d'un moment de conversation : "je vous prie de veiller sur elles". Il était venu rendre visite à son épouse, sénégalaise, et sa fille. Sa femme veut absolument partir, terrorisée par ce qu'elle a vécu. Il me dit que sa famille serait peut-être mieux parmi les siens, pour le moment. Le lendemain, je vois descendre d'un camion un ami d'enfance, Ndim Hamet, dont je connais toute la famille depuis près de vingt-cinq ans. Il a été directement embarqué à partir de son lieu de travail avec un autre Mauritanien. On n'a même pas pris la peine de leur retirer leurs papiers. Je les fais déposer à Nouadhibou et décide d'attirer l'attention du colonel Ould Boïlil sur ce fait. Je me dis que si le Sénégal et la Mauritanie ont des problèmes, je veux bien le comprendre, mais de là à s'en prendre à d'authentiques Mauritaniens, je n'y comprends plus rien du tout. Je m'entends répondre par Ould Boïlil que ce n'était pas à moi de définir la mauritanité de ces gens. Le lendemain, je reçois la visite du lieutenant Yézid Ould Moulaye Ely accompagné de son adjoint aux renseignements, le sous-lieutenant Mohamed Mahmoud. Ma maison et mon bureau font l'objet d'une perquisition sous le regard étonné de ma famille. Que cherche-t-on ? Il paraît que le colonel a reçu une information selon laquelle des Sénégalais m'auraient confié des millions en monnaie locale. De deux choses l'une, ou bien quelqu'un cherche à me faire du tort en racontant d'horribles mensonges sur mon compte, dans le seul but de me nuire, ou bien en haut lieu, on cherche tout simplement à se débarrasser de moi. Je dis à Yézid que personnellement, je ne suis pas gagné par la fièvre collective qui affecte certains militaires et qui se traduit par la cupidité. Toujours est-il que je suis relevé de mes fonctions le jour même. Dans tous les cas, on a réussi à me blesser dans mon amour propre, je me suis senti insulté. Je suis remplacé par un capitaine, l'adjoint opérationnel au commandant de région, un homme très effacé dont je ne me souviens plus du nom et un autre lieutenant, Mahfoud, plus connu sous le pseudonyme de Deuf, les "Sénégalais" ne tardent à l'appeler Dof qui signifie fou en wolof. C'est d'ailleurs lui qui gère les "Sénégalais", le capitaine n'est là que pour la forme. Quant à moi, je ne m'occupe plus que de la sécurité extérieure de la ville. Deuf arrive avec ses hommes, ceux-là même qui ont pris part aux massacres et aux pillages en ville. Ses sentiments à l'égard du Négro-mauritanien sont sans ambiguïté, c'est pour cette raison qu'il a été choisi pour me remplacer. Un jour, une altercation a opposé deux Sénégalais. Deuf les convoque dans mon bureau. Sachant d'avance ce qui l'attendait, l'un d'eux refuse de venir et se dirige vers le port de La Guerra. Deuf le suit avec un fusil d'assaut à la main. Voyant qu'il ne pouvait plus continuer sa course, le Sénégalais se jette à l'eau du haut d'une falaise malgré une mer houleuse. Deuf prend son arme, un G3, il pose un genou par terre, engage une cartouche, retire le cran de sûreté et pose son index sur la détente. J'interviens à ce moment précis. Il me dira qu'il voulait simplement l'effrayer mais la lueur dans ses yeux au moment précis des faits ne trompe pas, il l'aurait vraiment abattu.

A partir du jour où je suis remplacé par Deuf, la vie des "Sénégalais" n'est plus qu'un calvaire. Les militaires mauritaniens se sont complètement métamorphosés en vulgaires pillards aussi bien les officiers que les sous-officiers et les hommes de troupes. Paradoxe, c'est quelques civils qui viennent de Nouadhibou apporter un peu de consolation aux "Sénégalais". Ils amènent souvent avec eux du pain, du lait, des boîtes de conserve et des arachides. A voir des civils, Maures blancs, se présenter avec les coffres de leurs voitures remplis de denrées alimentaires, n'est-on pas en droit de supposer que toute cette violence est concoctée et dirigée par les autorités militaires du pays ? En tout cas, une chose est claire, les Mauritaniens n'approuvent pas tous les méthodes employées par les responsables des deux pays, certains n'hésitent pas à braver les barrages et contrôles militaires dressés entre La Guerra et Nouadhibou pour faire parvenir aux "Sénégalais" un peu de pain. Alors que l'armée de son côté s'évertue à leur rendre la vie la plus dure possible. Les "Sénégalais" font, chaque nuit, l'objet de fouilles, de tortures et de pillages. Les femmes se voient arracher leurs derniers bijoux.

Est-ce vraiment ce qu'attendait de moi mon supérieur, le colonel Ould Boïlil ? Dans ce cas, alors, j'étais complètement à côté de la plaque. J'étais loin de me douter que le fait de parler aux gens dans leur langue ou de ne pas les torturer représente une faute grave aux yeux de mes chefs. Aujourd'hui, un an et six mois après, le lieutenant Yézid me le ressort comme chef d'accusation. Je suis en train de payer pour la souffrance que je n'ai pas su infliger aux autres.

-Tu aurais dû comprendre ce qu'attendait de toi le commandement ; seulement tu as préféré agir dans l'autre sens.

Il se retourne et dit merci à un soldat qui lui tend un plateau dans lequel il prend un verre à moitié plein de thé à la menthe dont l'odeur envahit la pièce. Après avoir vidé son verre, il ajoute, toujours à l'égard du soldat "tu peux arrêter", sous-entendu que ce dernier ne doit pas continuer à faire le thé. Celui-ci sort tout aussi silencieusement qu'il est entré. Puis revenant à moi, Yézid me regarde pendant un moment avant de me demander ce que j'ai à dire sur le dernier point.

-Je croyais agir conformément aux instructions reçues, à savoir les mettre en sécurité. Ce qui pour moi voulait dire veiller sur eux contre toute agression quelle qu'en fut l'origine ou la nature. Je n'ai jamais vu la nécessité de recourir à la violence pour cela, sans parler du fait qu'ils étaient déjà très mal en point en arrivant à La Guerra.

-Ne t'en fais pas, on sait tout ça. Tout comme on sait que tu es le leadership du groupe, reprit-il en m'assenant un coup sur la tête. J'ai toutes les informations concernant ton implication dans le coup d'Etat de 87. Tu as très bien caché, comme tu as toujours su bien le faire, ta vraie nature de comploteur. Un soldat en arme entre et lui murmure quelque chose dans l'oreille. Il se lève et suit le soldat sans attendre ma réponse. Dehors un vent violent souffle depuis un moment. Les rafales qui s'engouffrent dans la pièce soulèvent le tapis de poussière qui recouvre le sol rendant l'air presque irrespirable. Yézid remet son turban à la sortie de la cellule. Ma peau est recouverte d'une pellicule de crasse qui maintenant ne me gène plus, ma chemise, gluante à cause du sang, me colle au corps. Les plaies n'ont jamais le temps de se cicatriser entre deux séances de torture. Les passages à tabac deviennent de plus en plus douloureux : les coups tombent inévitablement sur des blessures ouvertes encore. Le contact avec le fer froid du poteau, que m'impose ma position assise, me procure un certain bien-être, en calmant un peu la brûlure de mes plaies, mais en même temps il ne facilite pas la cicatrisation des blessures. Quand je commence à ressentir la fatigue ou le sommeil, je plie les jambes de façon à pouvoir poser ma tête sur mes genoux, ainsi, je peux me laisser aller à somnoler tout en essayant de rester attentif à tout ce qui se passe autour de moi. J'ai appris à vivre avec la peur. A part les visites du caporal étrangleur, je ne vois personne d'autre ce jour-là.

Je suis fatigué, affaibli par la faim à tel point que je ne distingue plus le rêve de la réalité, le délire du conscient. Je vois partout des amis en état d'arrestation. Ces images sont tellement réelles que je me demande si c'est vraiment des visions ou des cauchemars éveillés. Mais peut-on être lucide après quatre jours sans rien manger et en subissant quotidiennement un pareil traitement ? Le lieutenant Yézid m'a parlé d'un groupe, je me dis alors qu'il s'est forcément passé quelque chose. Cet acharnement, ces tortures pour me faire dire je ne sais encore quoi, il doit y avoir une raison ou une explication logique mais, tout de même, il faudrait vraiment que ce soit très grave, vu l'ampleur des moyens personnels et matériels mobilisés pour cela. De quoi suis-je coupable ? J'ai beau me creuser la tête, je ne trouve pas d'explication. Pour le putsch manqué de 87, certes, j'ai été au courant mais c'est une histoire classée. J'ai été entendu à l'état-major national pendant presque un mois avant d'être relâché pour reprendre ma fonction dans ma formation initiale. C'est d'ailleurs pour cette raison qu'à mon retour de Nouakchott, j'ai été muté à Inal comme adjoint au commandant de base, le lieutenant Mohamed Ould Modié, à l'époque. Donc je ne vois pas la relation entre cette histoire et ma situation actuelle. J'essaie de trouver une autre explication. Qu'est-ce que j'ai bien pu faire ? Et puis, je ne crois pas non plus que ce soit à cause des événements sénégalo-mauritaniens ni parce que j'ai parlé wolof aux "Sénégalais". Il doit bien y avoir quelque chose qui justifie la présence de tous ces prisonniers. Je suis loin de me douter que le pouvoir mauritanien a tout simplement décidé de passer à la vitesse supérieure dans sa politique ›uration ethnique du pays et que je vis ici les premiers :nents de ce qu'on a appelé, en d'autres temps et sous ıtres cieux, "la solution finale". J'ignore aussi qu'en ce :nent même toutes les casernes militaires du pays sont ısformées en camps de concentration.

Bref rappel historique

La Mauritanie, un million quatre-vingt mille kilomètres carrés pour seulement deux millions cinq cent mille habitants, se situe en Afrique de l'ouest. Elle est limitée au nord par l'Algérie et le Sahara occidental (Maroc), à l'est et une partie du sud par le Mali, au sud-ouest par le Sénégal et à l'ouest par l'océan atlantique. Les deux tiers de la superficie du pays sont constitués d'un désert aride. La population est très inégalement répartie, près des deux tiers vivent dans la partie sud du pays où le climat est plus clément à l'élevage et l'agriculture, hors mis les cultures pratiquées dans les oasis. Les grandes sécheresses des années soixante-dix poussent les populations à quitter les terroirs pour les villes, principalement Nouakchott et Nouadhibou qui connaissent un essor fulgurant. Elle accède à l'indépendance le 28 novembre 1960, avec à sa tête, maître Moctar Ould Daddah comme Président de la République.

La population se compose de Maures, de Haratines, de Peulhs, de Soninkés, de Wolofs et de Bambaras :

1)Les Maures, issus d'un métissage arabo-berbère, sont arrivés vers le cinquième siècle et se sont installés au fur et à mesure de l'avancée du désert qui repoussait en même temps les autochtones vers le sud. Ils font environ 30% de la population. Ce sont eux qui détiennent les rênes du pouvoir depuis l'accession du pays à son indépendance.

2)Les Haratines, descendants d'esclaves des Maures où esclaves encore pour la majorité d'entre eux, car l'esclavage n'est aboli pour l'énième fois que dans la théorie. Ils sont noirs de peau mais s'expriment en hassaniya, la langue maure - un dialecte très proche de l'arabe. C'est d'ailleurs pour cette raison qu'on les appelle très souvent des "Maures noirs" et qu'on utilise l'expression de "Maures blancs", qui pour de non Mauritaniens, apparaît comme un pléonasme. Ils constituent plus de quarante pour cent de la population globale. Ils s'occupent, entre autres, de la garde des troupeaux de dromadaires, des travaux agricoles dans les palmeraies ou des travaux domestiques des maîtres, en somme, ils assurent le patrimoine des maîtres et font partie intégrante de ce patrimoine. A l'origine, ce sont des Négro-mauritaniens prisonniers de guerre ou, le plus souvent, kidnappés très jeunes comme, bien qu'exceptionnellement, on en voit encore de nos jours. Cette pratique inhumaine s'est accrue avec le conflit sénégalo-mauritanien, beaucoup de déportés n'ont jamais retrouvé leurs enfants. En Mauritanie, un enfant négro-mauritanien de trois à six ans qui disparaît n'est presque jamais retrouvé. Les kidnappings, pratiqués depuis des siècles, se faisaient dans le temps par des caravaniers, des marchands de sel, de thé et de tabac et n'avaient épargné aucune composante de la communauté négro-mauritanienne mais, ont plus touché les Bambaras à cause des facilités qu'occasionnaient les échanges avec Tombouctou et autres grandes villes du Mali de l'époque. Beaucoup d'entre eux vivent aujourd'hui dans les villes où ils occupent toutes sortes de professions. Certains d'entre eux réussissent même à se hisser au rang de ministre. Mais l'esclavage n'en est pas moins présent dans le pays.

3)Les Négro-mauritaniens : Peulhs, Soninkés (appelés aussi les Sarakolés), Wolofs et Bambaras, ils représentent environ trente pour cent de la population et vivent essentiellement dans le sud du pays. Le terme "négro-mauritanien", basé sur une considération culturelle, désigne cette dernière composante, excluant ainsi les Haratines, composante noire et majoritaire.

Ces chiffres, jamais prouvés, sont ceux donnés officiellement dans les années soixante et qui ont servi justement à asseoir cette domination raciale qui a conduit au mépris puis à la négation de toute une communauté.

Le président Daddah, devant un panarabisme naissant, choisit à tort ou à raison, seule l'Histoire nous le dira, de se soustraire au joug colonial pour se tourner vers le monde arabe et introduit cette langue dans l'enseignement. Mais très vite, elle devient un instrument de domination raciale. A partir de l'année scolaire 67-68, il fallait désormais commencer sa scolarité uniquement en arabe. Le petit Peulh, Wolof ou Soninké devait apprendre à l'école : "je suis arabe et mon pays est arabe" comme son père, autrefois sous le colon, récitait : "nos ancêtres les Gaulois". Quand le Négro-mauritanien aura-t-il ses ancêtres à lui ? Face à cette politique d'arabisation, constituant une menace réelle à l'égard de la composante négro-mauritanienne, parce que devant immanquablement la noyer dans une culture qui n'est pas la sienne, dix-neuf cadres négro-mauritaniens tirent la sonnette d'alarme à travers un document, "le manifeste des dix-neuf". Le gouvernement de l'époque ignore cette doléance et poursuit sa politique d'arabisation à outrance de tout l'appareil de l'Etat, s'efforçant de donner à l'extérieur une image d'une Mauritanie purement arabe. Le pays connaît alors sa première crise communautaire, les affrontements de février 66, au lendemain d'une visite de Bourguiba, le Tunisien. Bien que très vite maîtrisés, ces affrontements furent d'une grande violence, plusieurs pertes humaines sont enregistrées. Cette première secousse, signe évident d'un malaise social, ne semble pas non plus inquiéter le président Ould Daddah. Les Négro-mauritaniens, majoritaires dans l'administration au moment de l'accession du pays à l'indépendance, se voient de plus en plus marginalisés. Les années 70 sont marquées par la sécheresse, la nationalisation des grandes sociétés, la guerre du Sahara et la fin du règne de Moctar Ould Daddah. Le 10 juillet 78, il est renversé, les colonels, Ould Salek, Bouceïf, et Louly se succèdent à la tête de la Mauritanie.

Le colonel Haïdalla, le quatrième militaire de l'après-Daddah, échappe, le 16 mars 81, à un coup d'Etat monté à l'étranger et dirigé par le colonel Kader et le colonel Ahmed Salem. Le commando de putschistes avait investi la maison de la radio *Mauritanie* avec Ahmed Salem, la présidence de la République avec Niang Sala, mais Haïdalla n'etait pas sur place et cette absence lui sauve la vie, Kader, lui, se rend à l'état-major de l'armée, le colonel Ould Taya alors chef d'état-major ne doit la vie sauve qu'au courage et à la rapidité d'intervention du seul 612e escadron de combat sous le commandement du lieutenant Soumaré Abdoul Aziz, secondé par Mohamed Ould Amar, sergent à l'époque. Cependant les palmes iront au colonel Ould Lekhal et au lieutenant Lemrabott Ould Sidi Bounna. Soumaré est blessé d'une balle à la jambe au cours du sauvetage de Ould Taya qui, ce jour-là, n'était pas très grand. Quelques morts sont enregistrés à la présidence mais le commando est très vite maîtrisé, et les principaux dirigeants sont exécutés à la base de Jreïda, quelques jours plus tard.

Le dernier des colonels-présidents, Ould Taya, arrive au pouvoir le 12 décembre 84, à la faveur d'un coup d'Etat. La discrimination raciale connaît une accélération et un durcissement sans précédent. Vingt ans après celui des dix-neuf, le manifeste du Négro-mauritanien opprimé est rédigé par un groupe d'intellectuels négro-mauritaniens sous la signature des FLAM (Forces de Libération Africaines de Mauritanie), il dénonce la politique du système en place à travers un constat global de la situation des Négro-mauritaniens dans le pays et invite à un rééquilibrage des postes par rapport à la réalité multiethnique du pays. Mais pour mieux les écraser, le colonel et les extrémistes maures présentent les FLAM comme une organisation armée visant non seulement à prendre le pouvoir aux Blancs mais à mettre le pays à feu et à sang, du coup, ce sont ceux qui demandent justice qui deviennent extrémistes et racistes, ce qui bien entendu ne déplait pas aux officiels de l'Etat qui profitent de ce détournement d'attention pour piller le pays à qui mieux mieux. Dans le camp maure, on ressert les rangs, tout Négro-mauritanien est avant tout un élément des FLAM. Ce nom est traduit sciemment, en maure, par le terme "naar", signifiant : feu, donc destiné à brûler tout le pays. La réaction de Ould Taya ne surprend que ceux qui ne connaissent pas son passé. En effet, certains se souviennent encore du cas de Sakho dans les années 60, Ould Taya n'était qu'un sous-lieutenant à l'époque, il n'a sûrement pas oublié, lui. Avec son accession au pouvoir, son mépris pour cette communauté n'a fait que prendre une ampleur à la dimension de son rang.

Le colonel-président n'écoute que son instinct et sévit durement. On verra que la dimension de la répression est toujours en rapport avec la couleur des "coupables". Parce que quelques intellectuels ont osé dénoncer l'injustice sociale dans le pays, toute une communauté doit payer, limogeage de hauts cadres, arrestations et condamnations à de lourdes peines d'emprisonnement dans des geôles devenues célèbres. Oualata, patrimoine historique de la Mauritanie ne sera plus associée qu' à sa prison mouroir.

Toujours en 86, des jeunes, arrêtés pour avoir écrit des slogans sur des murs, sont condamnés à des peines de six mois de prison ferme. Ils ont purgé leurs peines à Atar, ville natale du chef de l'Etat, et à Nouakchott. Ils avaient eu l'audace de comparer, à juste raison, le système mauritanien à celui de l'Afrique du Sud de l'époque.

En 1987, des officiers négro-mauritaniens, excédés par cette injustice persistante qui, maintenant, minait l'armée, s'organisent pour voir dans quelle mesure ils peuvent renverser ce régime dont le pouvoir repose sur le racisme pur et dur. Ce projet ne connaîtra pas le moindre début d'exécution mais il se soldera quand même par une condamnation à une peine capitale de trois officiers et des peines allant de cinq ans à la perpétuité, lourd verdict pour une quête d'égalité. Une fois de plus, les FLAM sont accusées d'être à l'origine de ce projet et l'affaire est présentée, à dessein, comme une volonté manifeste de tuer tous les Maures. Cette rumeur savamment distillée par le pouvoir suffit à mobiliser une importante masse de Maures dans le jeu des extrémistes de ladite communauté. Dans le cadre de ce "putsch", j'ai été convoqué dans le bureau du capitaine Ghaïlassi, l'adjoint opérationnel du colonel. Il me présenta à Boïlil qui me reçut dans son bureau :

-Vous êtes convoqués à l'état-major national, à Noukchott pour une audition de routine, je crois qu'il s'agit de confrontation.

-Il n'y a pas de problème, lui répondis-je. Quand dois-je partir ?

-Vous partez tout de suite, vous pouvez dire à Yézid ce que vous souhaitez emporter comme bagages, il vous l'apportera de votre unité.

- Qu'on m'apporte mon sac à dos, il est sur mon lit de camp.

- Que faut-il mettre dans le sac à dos ?

-Rien, tout y est déjà. Je m'attendais un peu à ce genre de "convocation", mon colonel.

-Ah bon ! me dit-il surpris, et puis-je savoir pourquoi?

-Bien sûr mon colonel, le capitaine Abass et le lieutenant Wone sont tous deux arrêtés, il paraît que le putsch était organisé par des Peulhs uniquement. Tous les deux ont été mes supérieurs directs, quand Wone a été arrêté, j'étais le seul officier peulh sous ses ordres ; en plus, nous sommes tous voisins. Je me suis donc dit qu'il n'est que normal que je sois entendu dans le cadre de nos relations. C'est pour cela que je me suis tous les jours préparé à une "convocation" de ce genre. Mais je suis sûr d'être de retour pour très bientôt.

-Vous semblez très sûr de ce que vous avancez.

-Je n'ai rien à me reprocher, donc il n'y a aucune raison que je reste longtemps à Nouakchott.

-Dans ce cas, je vous souhaite un bon voyage.

-Merci mon colonel et à bientôt.

-Une dernière chose, il ne faut pas que les gens à l'extérieur se doutent de quoi que ce soit.

-Ne vous en faites pas, tout ira bien, à bientôt.

Je l'ai salué militairement, suis sorti en refermant la porte et me retrouvai nez à nez avec deux soldats en armes. Ils n'y étaient pas tout à l'heure. Un autre officier peulh était dans le couloir, le lieutenant Bâ Boubacar, un ami à moi. Il avait été arrêté bien avant moi ; le colonel l'attendait aussi. Les soldats ont été placés ici pour le cas où l'un de nous aurait manifesté un refus ou se serait montré agressif.

J'ai effectué le voyage à bord d'un avion militaire avec le lieutenant Bâ Boubacar, l'adjudant chef Konaté Kalidou et l'adjudant Bass Amadou de la marine.

A l'état-major, je me rends compte que tous mes déplacements, au cours de ces dernières années, ont été contrôlés et suivis de près par le service des renseignements. Les officiers de renseignement me demandent des explications sur un passage que j'ai effectué à Choum et à Atar en fin 86. A Choum, je suis resté 24 heures, j'étais venu voir un ami et promotionnaire, le lieutenant Soumaré Abdoul Aziz et j'ai passé deux jours à Atar, pour voir mon jeune frère Sy Oumar qui faisait partie des jeunes condamnés à purger leur peine de six mois à la prison d'Atar, pour avoir écrit sur les murs de Zouerat. Je ne l'avais pas vu depuis presque deux ans et j'avais des vacances de 45 jours, j'ai fait un détour par Choum et Atar avant de me rendre à Nouakchott. Je me suis adressé au responsable de la prison à mon arrivée. Ce déplacement n'avait donc pour moi aucun caractère secret, sinon je ne me serais pas présenté en tenue au responsable même de la prison. Ensuite, j'ai répondu aux questions relatives à mes relations avec le capitaine Abass et le lieutenant Wone.

Un mois plus tard, j'ai repris mes fonctions mais pas pour longtemps, en effet, je serai muté à Inal dans la quinzaine suivante. Le colonel Boïlil a bien entendu voulu savoir ce qui s'est passé pour moi à Nouakchott. Je lui ai fait un compte rendu succinct de mon séjour à l'état-major national.

En 1988, une autre organisation est débusquée, les baasistes. Ils étaient structurés et, plus grave encore, dirigés par une puissance étrangère qui leur versait même des salaires, des listes émargées par les membres auraient été découvertes par les autorités. Mais comme cette organisation ne regroupait que des Maures et la fibre nationaliste arabe aidant, la répression par rapport à celle infligée aux Négro-mauritaniens des événements précédents est risible, des peines de trois mois de prison assortis, pour la plupart de sursis, pour les militaires impliqués. Le capitaine Ould Ghaïlassi et le lieutenant Yehdi Ould Mohamed, entre autres, bénéficieront de cette mesure. N'en déplaise aux officiers baasistes touchés par cette sanction, il y a bien deux poids et deux mesures, et cela, même dans la répression. L'intelligence avec une puissance étrangère de la part de cadres de l'armée ne constitue-t-elle pas une faute autrement plus grave que les graffitis de jeunes gens sur les murs de Nouakchott ou de Zouerat ?

En avril 89, le Président Ould Taya profite du conflit sénégalo-mauritanien pour se débarrasser des Négro-mauritaniens. N'eut-été la sagesse du président sénégalais, Abdou Diouf, et certaines pressions internationales, le sort des Négro-mauritaniens était scellé. Il est certain que les Négro-mauritaniens n'étaient pas préparés à une guerre ethnique, contrairement aux Maures dont les quatre-vingt-dix pour cent sont aujourd'hui armés.

Quand la Mauritanie a accédé à sa souveraineté, toute l'armée nationale, la gendarmerie, le corps des goumiers, devenu aujourd'hui la garde nationale ainsi que la police étaient, tous, équipés de fusils MAS 36 et de Mausers. Ces armes à répétition ont été remplacées par des équipements plus modernes, des Kalachnikovs, des G3 et des FAL. Toute l'ancienne dotation des corps cités plus haut s'est pratiquement volatilisée aujourd'hui avec des tonnes de munitions de 7,5mm et 7,62mm, bien entendu. Elles se retrouvent, presque toutes, dans des familles maures. Si certains se sont procuré ces armes pour chasser, beaucoup l'ont fait en prévision d'une guerre contre les Négro-mauritaniens. Ould Taya nourrissait la secrète envie d'en découdre avec son voisin dans le seul but de "nettoyer" le sud de sa population autochtone. Il est soutenu en cela par l'Irakien, devenu son maître à penser dans ce projet et qui envoyait toutes les semaines des cargaisons d'armes par bateaux ou par avions. La réception de ce matériel se faisait uniquement de nuit et seuls les soldats maures ou haratines étaient sélectionnés pour cela. Pas un soldat négro-mauritanien n'assistera à ces débarquements de matériel, la signification est claire, les "étrangers" doivent être tenus à l'écart des secrets militaires, quand bien même ils seraient des militaires, cadres ou pas. En moins de trois mois, l'Irak avait doté l'armée mauritanienne de suffisamment de matériel pour en faire la plus grande puissance en matière de cavalerie blindée de la sous région. Il y avait désormais deux armées en Mauritanie, une pour le commun des

Mauritaniens avec la marginalisation des Négro-mauritaniens que nous connaissons déjà et une autre, hyper équipée, exclusivement réservée aux Maures et à quelques haratines triés sur le volet. Cette armée-là est encadrée par des instructeurs irakiens. Le colonel Ould Taya déploie les bérets rouges le long de la frontière pour prévenir toute attaque sénégalaise - dit - on mais en réalité la mission de ce corps spécial est de déporter les Négro-mauritaniens, par villages entiers, de l'autre côté du fleuve marquant la limite entre les deux pays. Les autorités parleront de fuites massives parce que les villageois auraient tout simplement paniqué. Des Peulhs n'ont pas hésité à retraverser la frontière pour récupérer leur bétail, démentant ainsi la thèse du départ motivé par la peur. Non, les déportations ont bel et bien été organisées par l'Etat et les tueries commanditées par lui. Certains des exécutants de ces basses œuvres, les plus zélés, se verront élevés à l'ordre du mérite national.

En 90, c'est au tour de l'armée d'être dans la ligne de mire du colonel dans sa logique visant l'extermination des Négro-mauritaniens.

Au cours des séances de tortures, les tortionnaires nous lancent à tout bout de champ ce qui pour eux représente l'insulte suprême, pour un musulman : "sales juifs". Ceci démontre que quelque part, certaines personnes bien placées, cherchent à reproduire un sinistre épisode de l'Histoire.

Cette nuit, la cinquième, je ne résiste plus à la fatigue. Je suis hanté par le désir de m'allonger à même le sol et dormir un peu. Je ne sais par quel miracle je réussis ce soir-là à défaire les nœuds de la corde qui lie les mains mais après un moment de pénibles efforts, je réussis à m'en débarrasser. Complètement épuisé, je m'endors tout de suite contre mon poteau. Je n'ai même pas la force de me déplacer.

Le matin, je suis réveillé par de violents coups de pied, quelques secondes suffisent à me ramener à la dure réalité d'Inal. C'est mon caporal étrangleur qui m'aurait découvert alors que je cherchais à m'échapper. Il était venu, comme d'habitude, me servir "mon petit déjeuner". La nouvelle se répand très vite dans la base, le lieutenant Sy a voulu s'échapper. Plusieurs soldats rappliquent, chacun veut voir "celui qui a voulu s'évader" et lui apprendre à sa manière qu'il est inadmissible de vouloir fausser compagnie à ses tortionnaires. Je subis un sévère châtiment, un déluge de coups, chacun d'eux veut à tout prix exprimer sa colère. Cela ne m'exempte bien entendu pas de ma séance d'étranglement par le caporal. Je suis ensuite couché sur le ventre, pieds et mains reliés dans le dos. Le caporal Ould Demba serre les nœuds du mieux qu'il le peut et me dit : "C'est comme ça que j'ai appris à attacher les chameaux récalcitrants". Ils s'en vont satisfaits de leur travail. Les cordes sont si serrées qu'en quelques minutes le sang ne circule plus dans mes mains et mes pieds. La douleur est si insupportable que je ne tarde pas à crier de toutes mes forces. Mes hurlements attirent quelqu'un que je connais très bien, mais que je n'avais pas encore vu jusque-là, un sous-officier. J'ai eu sous mes ordres, quelques années plus tôt, le sergent chef Jemal Ould Moïlid. Je lui donnais à l'époque des cours de self-défense pour qu'il puisse me suppléer en cas d'indisponibilité dans certaines séances de sport. Il est noir de peau et originaire du sud de la Mauritanie. Comme le caporal que je ne vous présente plus, il est haratine. Il entre dans la pièce et me demande ce qu'il y a. Je lui demande de m'enlever les cordes des mains. Il n'en est pas habilité, me fait-il savoir mais ordonne cependant qu'on me les desserre. J'arrive difficilement à remuer les doigts, tellement ils sont engourdis. Je viens, sans le savoir, d'échapper à une mort lente mais certaine. Après avoir vérifié que le sang peut à nouveau circuler, il sort et continue son chemin en direction des hangars, où sont regroupés d'autres prisonniers. C'est habituellement quelqu'un de posé, pas très expansif qui aimait beaucoup le sport, le foot en particulier. Je ne saurai sa véritable fonction à Inal que beaucoup plus tard. Il est responsable des "ateliers", c'est ainsi qu'ils appellent les hangars à supplices où périront plusieurs dizaines de prisonniers. Beaucoup d'exécutions se sont faites sous ses ordres. Il n'hésite pas à torturer sauvagement et à exécuter lui-même pour donner l'exemple à ses équipiers. C'est la cinquième autorité après le capitaine Sidina Ould Taleb Bouya, commandant la base, le lieutenant Yézid qui n'est là que pour extorquer des aveux, le lieutenant Rava Ould Seyid, adjoint au commandant de base et le sous-lieutenant Ely, chef de peloton. A cet effet, le soir, quand les officiers se retirent, il reste seul responsable des équipes des tortionnaires. Il a droit de vie et de mort sur les prisonniers. Et de ce droit, il use largement.

Je suis abandonné seul dans ma cellule, la tête dans la poussière. Mes blessures sont à nouveau ouvertes. Un groupe de trois soldats entre. Ils se mettent à m'abreuver d'injures et s'apprêtent à me rouer de coups. C'est à ce moment qu'arrive le lieutenant Yézid qui leur demande de me détacher les mains, il s'assoit sur une chaise que je n'avais pas remarquée.

- Tu voulais fuir ? Là, tu me surprends. Je te croyais plus intelligent.

- Je ne suis pas fou pour tenter une pareille sottise.

- Alors pourquoi as-tu enlevé tes cordes ?

- J'étais trop fatigué de rester assis, cela fait quatre jours que je suis assis. Je ne supporte plus cette position, j'ai réussi à me délier les mains et me suis tout simplement allongé sur place.

- On m'a dit que tu cherchais à t'échapper. Le caporal Ahmed a dit qu'il t'a surpris à la sortie de la chambre.

- Comment aurais-je pu penser à cela avec ma chaîne aux pieds ? Je crois qu'ils n'ont plus besoin de chercher des motifs pour me torturer. Il est bien placé pour le savoir, ce caporal, puisqu'il vient le faire tous les jours matin, midi et soir. Et d'ailleurs, il était venu pour cela ce matin.

Il sort et revient à peine deux minutes plus tard avec deux soldats à qui il ordonne de me détacher les pieds et de me bander les yeux. Je suis soutenu par les deux soldats et guidé à travers la base pour une destination inconnue. J'entends sur mon passage des rires et me dis que, certainement, on est en train de se payer ma tête. Mes accompagnateurs restent muets durant tout le trajet. Quand on me retire le bandeau, je suis dans une petite pièce de trois mètres sur quatre. Ma chaîne est remise à mes pieds. Je constate, avec beaucoup de soulagement, qu'il n'y a pas le terrible poteau au centre et d'ailleurs, on ne cherche même pas à m'attacher les mains. Mais le plus rassurant à mes yeux est cette porte qui se referme, de l'extérieur bien entendu, grâce à un cadenas. Au moins, cela limite le nombre de personnes qui ont accès à moi. Désormais, je ne suis plus à la merci du premier venu contrairement à ma précédente situation. Intérieurement, je souhaite que mon caporal étrangleur fasse partie de cette catégorie d'indésirables n'ayant pas accès à ma nouvelle cellule. Dès que la porte se referme, j'inspecte mon nouvel environnement. J'ai vaguement l'impression de connaître les lieux. Je m'approche de la porte, regarde par les interstices et reconnais tout de suite l'endroit. Ma nouvelle cellule n'est rien d'autre qu'une pièce que j'avais moi-même faite construire deux ans et demi plus tôt. J'étais adjoint au commandant de base, il n'y avait pas de bureau affecté à l'adjoint, le lieutenant Mohamed Ould Modié et moi, devions travailler tous deux dans le même bureau, le sien, j'ai alors fait construire cette pièce. Le jour même où la construction fut achevée, on m'annonça ma mutation à nouveau à La Guerra. Je suis parti dans l'après-midi, sans même entrer dans la pièce. C'est la première fois que j'y mets les pieds depuis sa finition, elle n'a pas beaucoup changé, à cela près qu'une porte a été mise. Je n'avais pas eu le temps d'en mettre une à l'époque et la fenêtre a été fermée avec des briques. J'avais fait ouvrir une fenêtre dans le mur, côté rue, sur une suggestion de ma fille âgée de trois ans à l'époque. J'étais sur le toit pour en contrôler la finition. Il y avait déjà une fenêtre qui donnait sur la cour, elle aussi a été fermée. Il ne me restait plus qu'à mettre une porte et un battant à la fenêtre donnant sur la cour.

- Qu'est-ce que tu fais là-haut, papa ? m'avait demandé ma fille de trois ans, Mariame, qui jouait dans la cour de la maison, celle-ci se trouvait juste derrière le bureau dont elle n'était séparée que par le chemin où passaient les voitures. Elle s'amusait à faire la cuisine avec une petite marmite et une assiette en plastique. Elle laissa tout et fixa sur moi son regard innocent, attendant une réponse. Rien n'échappait à sa curiosité. En plus, elle imitait fort bien les personnes qui venaient à la maison. Dès que celles-ci tournaient le dos, elle s'y mettait et nous restituait tous leurs gestes et attitudes.

- Je vérifie mon bureau, ma chérie.
- C'est quoi bureau ?
- C'est là où je vais travailler.
- Tu vas travailler en haut ?
- Mais non, je vais travailler à l'intérieur.
- Est-ce que je peux te voir travailler ?
- Bien sûr que tu pourras me voir, je vais faire ouvrir une fenêtre. Et tu pourras même m'appeler si Raky t'embête.

Raky est sa petite sœur âgée de onze mois seulement mais elle lui en faisait déjà voir de toutes les couleurs. D'ailleurs, elle cherchait à sortir de son parc pour rejoindre sa sœur.

C'est ainsi que j'ai ordonné de fermer celle qui faisait face à la cour et d'en ouvrir une autre du côté de la maison, pour lui faire plaisir. Sa joie avait beaucoup amusé les soldats qui construisaient le bureau. Il était presque midi, j'avais donné un rendez-vous à l'infirmerie pour quinze heures. J'avais décidé de construire une pièce pour les hospitalisations. L'infirmerie se composait d'une chambre qui servait de salle de soins, de bureau du major et de lieu d'hospitalisation.

Avant même de descendre du toit, le caporal Sall, transmetteur de la base, me dit que je suis muté de nouveau à La Guerra et qu'il vient de remettre au commandant de base le message. Je vais directement voir le lieutenant Mohamed Ould Modié afin de préparer mon départ pour l'après-midi même. Au moment où je quittais la base, je remarquais que la fenêtre demandée par ma fille, avait été ouverte. Deux ans et demi se sont déjà écoulés.

Je reviens près de la porte pour constater qu'il n'y a pas de changement notable, la cour est un peu réduite à cause d'une construction à l'entrée, sur la gauche, il y a le bureau du commandant de base, en face, le local des transmissions et légèrement à droite vient ensuite le dépôt de vivres, puis celui de l'armement et des munitions. De mon observatoire, je peux voir tout ce qui se passe dans cet espace. Cela m'amènera parfois à être le témoin impuissant de séances de torture. Dans ces cas, je n'arrive pas à détacher mes yeux du sinistre spectacle. Dès qu'on touche au cadenas, je reprends ma place. Il se produit un événement important ce jour-là. Un soldat entre avec un plat contenant des vermicelles. Il est précédé du capitaine Sidina mais pour moi, seul ce plat dont la bonne odeur envahit la pièce est digne d'intérêt. Je ne me rappelle même pas des propos qui ont pu être tenus par le commandant de base aujourd'hui. Je n'ai d'yeux et d'attention que pour le plat. Quand le soldat dépose devant moi le plat, je n'en reviens pas. Il me dit qu'il va aller m'apporter de l'eau pour me laver les mains. Dès qu'il me tourne le dos, je me jette sur le plat. Qui sait, c'est peut-être une erreur. Quelqu'un peut à tout moment se rendre compte de la méprise. Quand le soldat revient, j'ai déjà fini, le plat est complètement vide. C'est un soldat de première classe prénommé Oumar. Il est chef de poste du jour. Il me laisse un bidon d'eau et referme la porte derrière lui. Je ne me suis même pas rendu compte que le capitaine Sidina n'est plus là. Il y avait des choses plus urgentes pour moi. Et ce plat avait une certaine priorité. Cela fait cinq jours que je n'ai pratiquement rien mangé. On m'a offert à deux reprises une poignée de galettes de farine qu'on appelle biscuits Sarakolé. J'ai toujours refusé leur saleté de pâte de riz. Quant aux vermicelles, comme toutes les pâtes d'ailleurs, cela fait dix ans que je les ai en horreur. J'en ai tellement mangé à l'école militaire interarmes d'Atar que j'en ai été saturé. Mais je suis, aujourd'hui, très content de renouer avec l'Italie, c'est une aubaine, ces pâtes. Pour en conserver l'odeur, je refuse de me laver les mains. Je ne pense pas que ce régime va durer et l'avenir me donnera raison. Le même soldat se présentera le soir avec un plat de pâte de riz, il récupérera par la même occasion le plat vide de midi.

Dans l'après-midi, on me donne un vieux manteau tout usé pour me protéger contre le froid. La face intérieure est couverte de sang mais c'est ça ou rien. Je le roule en boule et le mets dans un coin de la cellule.

"Les aveux"

Plus tard, un remue-ménage m'attire vers la porte. Je vois, à travers les interstices de la porte, des soldats traînant presque deux prisonniers dont un sous-officier, le sergent chef Abdoulaye Gaïndé (son nom de famille a été changé en Ngaïdé pour je ne sais quelle raison). Il servait au détachement des blindés de Nouadhibou. Lui et son malheureux compagnon sont sauvagement molestés. On leur a bandé les yeux, ainsi ils ne peuvent pas savoir qui a frappé et qui ne l'a pas fait. Il y a dans le groupe de tortionnaires le sous-lieutenant Ely, le sergent chef Jemal Ould Moïlid, le caporal étrangleur, le chef de poste Oumar, le deuxième classe Khatra Ould Mohamed Aghib - un véritable bourreau celui-là et deux autres soldats que je ne connais pas encore mais dont un n'est autre que l'un des plus sanguinaires de tous les tortionnaires, le tristement célèbre Souleymane Ould Eleyatt. Le scénario se déroule toujours de la même façon, ils s'acharnent sur les prisonniers pendant une bonne dizaine de minutes à coups de rangers, de ceinturons, de lanières, de fils de fer, de bâton, de tout ce qui peut faire souffrir, ensuite seulement vient l'inévitable et unique question "roud". raconte, en langue maure, le sous-lieutenant Ely s'en mêle de temps à autre pour étrangler à plusieurs reprises les victimes, il doit adorer ça. La scène reprend si les suppliciés n'ont rien à raconter et on recommence. Les bandeaux sont retirés et les soldats se mettent de côté tandis que le sous-lieutenant Ely s'avance vers les prisonniers. Il leur demande de donner des noms. On leur demande s'ils connaissent tel officier, tel sous-officier ou telle personnalité peulh, soninké ou wolof. Il n'y en a plus beaucoup en Mauritanie. Depuis l'arrivée d'Ould Taya au pouvoir, les cadres négro-mauritaniens, civils comme militaires, sont devenus une espèce en voie de disparition. Les prisonniers répondent oui à la citation d'un nom connu sans savoir que par ce oui ils signent l'arrêt de mort de la personne nommée. De toute façon, une réponse négative peut être aussi fatale qu'une réponse positive, la plupart du temps, on cite au prisonnier le nom d'amis, de parents ou de promotionnaires. En disant non, la réaction ne se fait pas attendre, c'est à nouveau la torture : "Sale menteur, tu cherches à le protéger parce que c'est ton parent, on sait déjà tout". Ici tout le monde sait tout à part nous qui, justement, devons leur dire ce qu'ils savent déjà. Ou bien, on demande tout simplement aux prisonniers s'ils ont des amis dans l'armée. Qui n'en a pas dans son milieu de travail ? Le sous-lieutenant Ely, fort de cette moisson de noms, se précipite à la salle des transmissions où se trouve le lieutenant Yézid pour lui présenter sa récolte. Ce dernier transmet à son tour au colonel Boïlil l'information selon laquelle un tel à Inal a donné le nom de x à tel endroit. Et à l'autre bout de la Mauritanie, quelqu'un va être arrêté et, parce que tout simplement un ami s'est rappelé de son existence à Inal, torturé et à son tour il avouera avoir, comme tout le monde, des amis qui eux aussi citeront d'autres amis qui viendront gonfler les effectifs des camps de concentration déjà bondés. C'est donc par un procédé aussi futile que je me trouve ici ? Si c'est le cas, je ne serais pas resté longtemps dehors. J'ai été instructeur dans plusieurs centres de formation militaire, cette fonction m'a valu d'être connu de beaucoup de soldats et de sous-officiers. Et le nombre de mes collègues officiers négro-mauritaniens - qui s'est réduit comme une peau de chagrin par la volonté d'épuration des autorités de Nouakchott - nous oblige à nous connaître presque tous. Plus les soldats que j'ai commandés ou côtoyés au gré de mes mutations. N'importe qui a pu dire qu'il me connaît et c'est apparemment un motif d'arrestation de taille. Après avoir envoyé une liste de noms par la transmission radio, les officiers renvoient les prisonniers pour en faire venir d'autres. Ainsi arrivent chaque nuit, les camions bâchés avec leurs chargements "dénoncés - futurs dénonciateurs". Abdoulaye Gaïndé mourra quelques heures plus tard.

Ce soir-là, aux plaintes s'ajoutent les hurlements d'un chien, celui du capitaine. Il n'arrêtera pas de la nuit comme s'il cherche à imiter les gémissements des suppliciés. Le capitaine Sidina lui avait donné le nom de Wahch, en souvenir d'un autre qui avait porté le même nom et qui appartenait au précédent commandant de base, Ahmedou Ould Hacen, mort à la suite de l'explosion d'un obus.

Retrouvailles

Le 16 novembre, je reçois, dans ma cellule, un compagnon, le lieutenant Sall Abdoulaye Moussa. C'est un ami d'enfance, nous avons toujours maintenu une solide amitié. Il a été arrêté le 29 octobre. Après que la porte est refermée, nous nous serrons la main. Il me dit : "J'avais entendu que tu étais ici mais je n'y croyais pas. Depuis combien de temps es-tu ici ?"

-Depuis le 11 novembre. Mais dis-moi, comment ont-ils fait pour te mettre dans un pareil état ?

Son cou présente une blessure qui en fait le tour comme si on avait voulu l'égorger, le résultat de plusieurs séances d'étranglement, on a souvent utilisé une corde pour cela et il a également des blessures profondes sur la face intérieure des genoux, les séquelles du fameux "jaguar". Cette torture consiste à attacher les pieds du supplicié en position assise, relier les mains aux pieds et à faire passer une barre de fer sous les genoux. La personne est ensuite suspendue à l'aide de la barre de fer, la tête en bas. On le fait tourner de plus en plus vite autour de la barre. Une variante veut que les tortionnaires se mettent à taper le supplicié sur la plante des pieds jusqu'au sang, un bûcher est allumé sous la victime, dans ces cas-là, s'il s'en tire, en plus des blessures morales, il en garde à jamais de profondes traces de brûlure. Il arrive cependant, et très souvent d'ailleurs, que la victime meurt grillé comme un vulgaire méchoui. Il a été torturé par le capitaine Sidina en personne, ses deux officiers, Rava Ould Seyid et Ely Ould Mohamed et bien sûr par les soldats, mais les officiers se sont montrés plus cruels à son égard. Il a aussi connu un caporal dont la description correspond à mon caporal étrangleur. C'est en parti lui le responsable de ses traces qu'il porte au cou. Tout son corps présente des blessures. Il a aussi une lèvre fendue, un coup de ceinturon, m'explique-t-il.

Il me raconte comment il a été arrêté et torturé. Déjà avant son arrestation, il était aux arrêts de rigueur bien au-delà du taux que pouvait lui infliger le colonel Ould Boïlil qui lui avait mis son maximum, vingt-cinq jours d'arrêts. Le motif invoqué, négligence dans l'entretien du matériel. Je lui rendais visite le plus souvent possible à sa chambre d'arrêts, dans le fameux mess des officiers d'où je suis parti ficelé, un certain 10 novembre. Il a eu à justifier mes visites de l'époque auprès du lieutenant Yézid.

- Qu'est-ce qui se passe, Sy ? Pourquoi sommes-nous ici ?

- Franchement, je n'en sais absolument rien. Je croyais que toi qui es sur place bien avant moi, tu saurais me dire ce qu'il y a. Yézid m'a même laissé entendre que tu as tout reconnu. Quoi ? Je ne sais pas. Je me suis dit alors qu'il y a peut-être des choses que j'ignore.

- Il m'a dit la même chose de toi. Ils veulent seulement nous dresser les uns contre les autres. Au fait, est-ce que tu écoutais RFI ?

- Bien sûr, mais seulement *Afrique midi*.

Comprenant où il veut en venir, je rajoute qu'il n'y a eu aucune nouvelle ayant trait avec ces arrestations. La BBC ?

Là aussi, il n'y avait rien, du moins jusqu'à mon arrestation. Non, le ministère de l'intérieur n'a pas non plus fait un communiqué mentionnant quelque chose ayant rapport avec notre situation. Il cherche désespérément une explication. Nous nous posons mutuellement des questions. Nous voulons savoir. Je lui raconte à mon tour mon histoire, de mon arrestation à ce jour. J'insiste surtout sur les méthodes que je viens de découvrir à travers la porte. Comment, à partir de noms adroitement arrachés à des prisonniers affaiblis et abasourdis par la violence de la torture, ils procèdent à l'arrestation des personnes citées. Je lui parle aussi du plat de vermicelles, là, il n'en revient pas. Comme un gamin, je lui fais sentir mes mains, l'odeur s'est presque dissipée mais elle est encore là.

- Je t'ai toujours dit que tu étais un veinard, me dit-il.

- Pour le moment elle se voit un peu trop ma chance, réponds-je en désignant ma chaîne aux pieds.

- Moi, je suis resté une semaine sans manger à part les galettes de biscuits du matin. Je refusais de manger la pâte de riz qu'ils me présentaient. Mais je te conseille de manger tout ce qu'on te présente. Il faut rester en vie à tout prix.

Nous évoquons ensuite le suicide du sergent chef Sy Mamoudou Samba. Il était le sous-officier d'ordinaire du sous-groupement statique de Boulanouar, il était venu à Nouadhibou en mission dans le cadre du ravitaillement mensuel. Les denrées de base sont toujours stockées au dépôt de vivres central de la région. Après avoir pris tout ce qu'il lui fallait, il s'était rendu dans l'après-midi à la base marine, au camp des mariés où il comptait des amis. Le camion de ravitaillement l'attendait à la base Wajeha, la base régionale. Son retour sur Boulanouar était prévu pour la fin de la journée. Il s'était enfermé dans les toilettes et avait réussi, après plusieurs tentatives, à se pendre au plafond des toilettes, des bouts de cordes témoignent du fait qu'il y a eu plusieurs tentatives et de sa volonté d'en finir. Il laissa un mot qui disait ceci : "Je préfère mourir plutôt que de me laisser persécuter par des chiens". Ce mot nous avait toujours intrigués par le passé. A l'époque, rien ne laissait entrevoir qu'on vivrait une pareille situation dans le pays. Mais force est d'admettre aujourd'hui que le sergent chef Sy Mamoudou Samba avait peut-être pu surprendre une conversation dans laquelle on aurait parlé du projet d'extermination dans l'armée. Il aurait mesuré l'étendue et la gravité de l'opération, sachant qu'il n'y avait pas d'échappatoire, il aura tout simplement choisi de mettre lui-même un terme à sa vie. Autrement, ce geste ne s'expliquait absolument pas. Car voilà un jeune sous-officier bénéficiant d'une entière confiance de ses chefs, sa désignation au poste si envié de sous-officier d'ordinaire le prouve, qui décide du jour au lendemain, non seulement de renoncer à tous ces avantages, mais aussi de mettre un terme à ses jours. Il nous paraît évident que le sergent chef Sy, lui, savait déjà. Aurait-il surpris des propos de son chef, le lieutenant Tourad Ould Abd Samed, très connu pour ses sentiments hostiles à l'égard des Noirs de façon générale ? Ce suicide coïncide avec les premières arrestations de militaires négro-mauritaniens dans le sud de la Mauritanie. Nous nous posons toutes sortes de questions. Nos arrestations ne doivent en rien à une quelconque tentative de putsch, comme on tentera beaucoup plus tard de le faire admettre, ni à aucune autre tentative de quoi que ce soit. Depuis la parution du manifeste du Négro-mauritanien opprimé et le coup d'Etat avorté de 87, le petit moustachu du sommet guettait tout simplement une occasion pour se débarrasser de la composante négro-mauritanienne du pays. Il est inadmissible pour lui et ses proches que les Kwar (pluriel de kowri qui signifie Nègro-mauritanien ou tout simplement l'Africain noir), puissent seulement oser dénoncer l'oppression dont ils sont victimes. Et en plus, ils ont même eu l'audace de fomenter un coup d'Etat. Décidément ces Négro-mauritaniens commençaient à dépasser les limites, ils se croient vraiment chez eux. Pour le petit moustachu, nous n'avons que le droit de souffrir, de subir toutes sortes d'injustices et d'humiliations, de surtout lui servir de souffre-douleur, mais pas celui de nous plaindre. Il fallait donc nous régler notre compte le plus tôt possible. Avec le conflit Sénégal - Mauritanie, malgré les déportations à tour de bras, la politique d'épuration n'a cependant pas atteint tous ses objectifs. Des civils, des gendarmes, des policiers, des douaniers, des gardes, des villages entiers ont été déportés. Mais si l'armée a été épargnée, c'est parce qu'un colonel de l'état-major a mis en garde le petit moustachu en lui rappelant que déporter des militaires au Sénégal, pays avec lequel la Mauritanie était presque sur le point d'en venir aux armes, revenait simplement à donner du renfort à l'adversaire sans compter la considérable source de renseignements que pouvaient constituer ces militaires qui d'ailleurs avaient fait leurs preuves lors de la guerre du Sahara. L'idée de déporter des militaires est alors abandonnée jusqu'à nouvel ordre. En attendant de trouver une solution, les officiers négro-mauritaniens sont presque tous affectés dans les régions du nord, dans les endroits les plus reculés où ils sont complètement déresponsabilisés et constamment sous surveillance, leurs moindres faits et gestes sont interprétés, toujours dans le sens de la division, et rapportés à l'état-major national. Les gradés sont séparés des soldats, la moindre affinité entre Négro-mauritaniens est sanctionnée par une mutation.

Le Koweït est envahi par l'armée irakienne, en septembre 1990. La divergence d'opinion entre les deux communautés mauritaniennes à propos de la politique du pouvoir vis-à-vis de l'Irak ne tarde pas à faire surface. Cette divergence a toujours été savamment dosée et entretenue par le régime de Ould Taya. C'est d'ailleurs sur elle qu'a toujours reposé son pouvoir. Pour pêcher en eau trouble, le petit moustachu n'a pas son pareil. Les Maures dans leur large majorité applaudissent "le lion" irakien et soutiennent la position du gouvernement, alignée derrière la politique irakienne tandis que les Négro-mauritaniens acceptent mal l'invasion d'un pays par un autre, surtout entre deux pays musulmans alors même que l'envahisseur prétend le faire au nom de l'intérêt supérieur de la religion et de celui de sa victime. L'Irak ne fait avec un pays arabe que ce que les Arabes accusent Israël de faire et qu'ils condamnent. L'opinion internationale étant tournée vers le golfe, le petit moustachu met, une fois de plus, la division au service de son pouvoir raciste. Les arrestations dans l'armée peuvent commencer. Les chefs d'accusation viendront plus tard. Le sergent chef Sy devait savoir, mais même s'il avait parlé, personne ne l'aurait peut-être cru. "...plutôt que de me laisser persécuter par des chiens", avec le recul, je pense même que cette comparaison est une insulte à la race canine, dont la fidélité à l'amitié n'a jamais été démentie depuis la nuit des temps. Nous discutons toute la journée, et nous arrivons à la conclusion qu'il n'y a rien du tout et que toute cette histoire est un vulgaire montage qui atteindra des dimensions que nous sommes loin de soupçonner pour le moment. Après avoir fait le tour de la question, nous évoquons nos souvenirs de jeunesse, le primaire et le secondaire, histoire de nous évader un peu. Avec Sall Abdoulaye, je découvre un mode de déplacement original. Il consiste tout simplement à se déplacer en position assise en s'aidant des pieds et des mains. Cette méthode a le mérite d'éviter le frottement de la chaîne contre les chevilles. Sall a d'énormes plaies aux chevilles. Mais malgré son lamentable état de santé, il a un moral d'acier. Il parle avec quelques difficultés, le résultat des séances répétitives d'étranglement.

A la fin de la journée, un soldat entre et demande à Sall de le suivre, il sort en utilisant ce mode de déplacement qui sera adopté par nous tous. Au moment de sortir, il se retourne et me dit : "Tiens bon et bon courage". La porte se referme et je me retrouve seul à nouveau. Il y a un petit changement dans l'alimentation, maintenant j'ai droit à une pâte de riz blanc, cuit de la même façon que la pâte de riz noir. Et comme l'autre, cette pâte sent aussi mauvais, c'est à croire qu'ils y mettent quelque chose pour que cela sente si mauvais. Mais comme je suis maintenant convaincu que je risque de séjourner longtemps en détention et surtout que ce plat de vermicelles n'est pas près de se renouveler, mais aussi qu'une grève de la faim les laisserait indifférents, je me dis qu'il faut manger pour tenir le plus longtemps possible.

Depuis que je suis dans cette pièce, je n'ai pas reçu la visite de mon caporal, j'avoue qu'il ne m'a pas du tout manqué. Aussi, quand j'entends aujourd'hui sa voix, tout près de la porte, mon cœur fait un bond. Je croyais en avoir fini avec lui et que cette porte constituait une barrière entre nous ; mais il faut croire que non. Je l'entends dire au chef de poste : "Il est mort entre nos mains". Cette terrible phrase est dite sur un ton de reproche. Ma pensée va aussitôt à mon ami Sall Abdoulaye Moussa et une grande tristesse m'envahit. Ainsi ils l'ont emmené seulement pour le tuer. Et qui sait, ce sera peut-être bientôt mon tour. Quelqu'un touche la porte, je sursaute et recule le plus loin possible dans la cellule. Personne n'entre, on s'est simplement adossé à la porte. Puis, à mon grand soulagement, Ould Demba s'éloigne. Je ne parviens pas à trouver le sommeil, la terrible phrase résonne dans ma tête, "il est mort entre nos mains". On accuse même l'autre d'être responsable de sa propre mort et par-dessus tout de mourir sans y être autorisé.

Le lendemain, 17 novembre, vers midi, je pense encore à Sall et à son triste sort, " il est mort entre nos mains". Je n'arrive pas à sortir cette phrase de ma tête. "Tiens bon et bon courage", en prononçant ces paroles, Sall avait-il pressenti ce qui allait lui arriver ? J'en suis là avec mes pensées quand la porte s'ouvre sur le sous-lieutenant Ely. Il appelle le chef de poste, le soldat de première classe Oumar, détache le ceinturon de ce dernier et s'approche de moi : "roud" - raconte. Je lui dis que j'ai déjà dit au lieutenant Yézid tout ce que j'avais à dire.

- Tu n'as rien dit du tout, tout ce que tu as dit, on le savait déjà.

- Je ne sais rien d'autre.

- C'est ce que nous allons voir. Attache-lui les mains, ajoute-t-il à l'attention du chef de poste. Puis, comme pour la première fois, il m'enroule le ceinturon autour du cou, tend un bout au soldat. Chacun d'eux pose un pied sur mes côtes pour s'en servir comme appui et ils se mettent à tirer si fort que le ceinturon casse en deux. Ely se met à me taper sauvagement comme si j'étais responsable de la détérioration du ceinturon, il est devenu complètement hystérique. Il enlève son hawli, turban en langue maure. Il le plie en quatre et recommence plusieurs fois l'opération. Il s'acharne chaque fois jusqu'à ce que je perde connaissance. Au bout d'un moment, il s'arrête et me dit :

- Tu sais combien de fois je t'ai étranglé ?

- Non, je n'ai pas compté.

- Sept fois, et il m'en reste une dernière, mais ce sera après le repas. Je te laisse un petit répit.

- Je voudrais savoir pourquoi toute cette violence, est-ce que j'ai eu à te faire du mal par le passé ? Personnellement, je ne m'en souviens pas.

- Le plus grand mal que tu m'as fait et que tu me fais encore, est d'exister. Il y a longtemps qu'on aurait dû se débarrasser de vous tous.

Comme je m'apprête à répondre, il me décoche une gifle du revers de la main.

- Silence "vreikh" (bâtard). Tu parles seulement quand on te le demande. De toute façon, tu ne parleras plus longtemps. Il est actuellement 13 heures, je reviens à 15 heures pour t'étrangler une dernière fois et ce sera pour de bon. Sur ce, il me jure trois fois sur le Coran et réitère sa promesse.

- Profite bien de ces deux heures, ce sont les dernières de ta vie. Il a beaucoup de chance celui qui va reprendre ta femme, car en plus d'être belle elle fait bien la cuisine.

Selly et moi nous sommes connus en 1978, alors que je passais ma formation d'officier de réserve à Atar. J'avais un ami, Bâ Alassane, qui venait régulièrement chez elle, à Nouakchott, étant un ami de la famille. Alassane était arabisant et ne comprenait pratiquement rien au français.

Un jour, il demande à Selly de lui lire une lettre qu'il avait reçue de moi. Depuis ce jour, chacune de mes correspondances sera lue par elle. Notre première rencontre ne sera pas très chaleureuse mais un échange de courrier s'établit petit à petit. A la fin de ma formation, j'ai été muté à Rosso, dans le sud du pays, en qualité d'instructeur. Je faisais, alors, deux fois par mois les deux cent quatre kilomètres qui séparent les deux villes pour la voir. En 81, j'ai obtenu une affectation à Beyla, à sept km de Nouakchott. Vers la fin de l'année, nous avons célébré nos fiançailles. En janvier 82, j'ai à nouveau été muté à Atar comme instructeur au corps des commandos parachutistes de l'armée, sur suggestion du colonel Ould Lekhal, alors commandant la 6e région militaire de Nouakchott. Selly m'y a rejoint le 2 mars 82, accompagnée de mon plus vieil ami, Dia Kalidou. Nous y célébrâmes notre mariage qui ne sera régularisé que le 27 juillet 84. Suite à un accident de voiture, j'ai quitté le bataillon des parachutistes pour me retrouver à Nouadhibou (La Guerra). Selly a toujours tenu à être à mes côtés, quels que soient les endroits où m'ont conduit mes différentes mutations, La Guerra, Nouadhibou, Boulanouar et autre Inal. La famille s'agrandit avec la naissance de Mariame en juillet 85 puis de Raky en juin 87. Nous recevions beaucoup d'amis à la maison, des officiers pour la plupart. Elle adorait faire découvrir ses petits plats. Le lieutenant Sall ne tarissait jamais d'éloges à son égard. Aussi, il lui arrivait souvent de remettre à Selly de l'argent pour acheter les denrées nécessaires, parce qu'il voulait manger à la maison avec des amis à qui il désirait faire goûter la cuisine de la maison. Quand elle refusait de prendre cet argent, il se vexait ou le donnait aux enfants, mes protestations n'y changeaient rien. C'était dans cet esprit que nous avions accueilli dans la famille les officiers, Rava Ould Seyid et Ely Ould Ahmed.

Avant de franchir la porte, Ely se retourne et ajoute "vreikh, à tout à l'heure". Il revient vers moi pour me donner encore un coup de pied. Plus tard, j'aperçois le lieutenant Yézid à travers les interstices de la porte et l'appelle. Il demande à Oumar d'ouvrir. Mais comme j'hésite à parler, il dit au soldat de sortir, je me fais là un nouvel ennemi, en la personne du chef de poste. Je le mets au courant des menaces de mort d'Ely. Il me dit que ce dernier ne m'emmerdera pas. Je ne peux pas savoir qu'Ely est déjà loin d'Inal. Quand il m'a quitté, un message du colonel Boïlil est arrivé à Inal, ordonnant d'arrêter un officier peulh qui commande un peloton à 37 kilomètres d'Inal, dans une position appelée Doueïra. Le même message précise qu'il faut envoyer un officier maure le relever dans son commandement. Etant le plus jeune des officiers, cette mission échoit au sous-lieutenant Ely. Comme l'arrestation de cet officier semble imminente, Ely a à peine le temps de faire donc ses bagages et de quitter Inal avant 15 heures.

Ne sachant rien de tout cela, j'attends avec résignation l'heure fatidique, 15 heures. Je ne sais pas jusqu'à quel point je peux faire confiance à Yézid Ould Moulaye Ely. De toutes les façons, je n'ai pas tellement le choix. Maintenant je suis convaincu qu'ils peuvent tuer, qui et quand ils le veulent, mes doutes dans ce domaine se sont dissipés.

Conception d'un meurtre

Dans l'après-midi, le soldat de première classe Oumar est en discussion avec d'autres soldats près de la porte. Je m'en approche, pour écouter. Il s'est passé quelque chose. On m'en veut, il faut absolument me sanctionner pour une raison que j'ignore. Peut-être est-ce à cause du fait que j'ai réussi à l'écarter tout à l'heure avec Yézid. Ce que j'entends est tout simplement ahurissant, je n'en crois pas mes oreilles. Ils sont en train de concevoir ma mise à mort. Je ne parviens pas à les voir, ils doivent être collés au mur mais pas très loin de la porte, la seule voix que je reconnais est celle du chef de poste. Je ne peux que les écouter échafauder les plans de mon exécution.

- Le "vreikh" a osé semer la zizanie entre nos chefs et nous, il doit payer. On attend la nuit et on l'égorge, j'ai un couteau que j'ai récupéré sur l'un d'eux à Boulanouar.

-Tu es fou! Qu'allons-nous dire pour expliquer une gorge ouverte? répond quelqu'un.

- On peut très bien le pendre, reprend un autre.

Mon rythme cardiaque varie selon les propositions et les réponses.

- J'ai une solution, on le fait sortir pour qu'il aille se soulager et on l'abat sous prétexte qu'il a voulu fuir.

Cette proposition ne m'inquiète que quelques secondes, dans la mesure où je ne sortirai pas ce soir. C'est décidé. A moins qu'ils ne me transportent eux-mêmes ; et encore, faudrait-il qu'ils me bâillonnent.

- Et s'il refuse de sortir? reprend celui qui s'était proposé pour la pendaison. Je crois que ma proposition est la meilleure.

- Ecoutez, ne vous cassez pas la tête, je suis le chef de poste, j'ai les clefs, ce soir, on l'étrangle avec un turban, ensuite on le recouvre de son manteau et je referme la porte. Quand les officiers le verront demain, ils ne sauront pas de quoi il est mort. Le sous-lieutenant Ely voulait le tuer aujourd'hui. Alors, il mourra aujourd'hui.

C'est le soldat de première classe Oumar qui vient de trancher. Tous les autres approuvent cette dernière proposition. Ils se donnent rendez-vous pour une heure du matin. Une grande inquiétude s'empare de moi, mon désarroi est tel que je peux même entendre les battements de mon cœur. Je vais donc mourir aussi stupidement. Et puis, peu à peu, un détachement total à la vie s'installe en moi et une grande paix envahit mon cœur. Je me résigne devant l'inévitable. Que puis-je faire face à cette situation? De toutes les façons, il faut bien mourir un jour ou l'autre. Si cela doit arriver aujourd'hui, il en sera ainsi, c'est tout. Je décide de terminer ma vie dans le recueillement et la prière. Je récite à haute voix tous les versets de Coran que je connais. Cela au moins on ne peut pas m'en empêcher. Ce qui peut se passer derrière la porte ne m'intéresse plus du tout. Rien n'a plus d'importance. Seuls m'appliquer dans la prononciation des versets et veiller à ne pas les déformer sont mes soucis du moment. Je me prépare à la mort. Ils peuvent venir maintenant, s'ils le veulent, je suis déjà prêt.

En fin d'après-midi, le chef de poste Oumar ouvre la porte. Quelqu'un est projeté dans la pièce et la porte se referme aussitôt. Je regarde mais ne reconnais pas le prisonnier qui se trouve près de moi. Lui par contre, après m'avoir longuement dévisagé me dit : "mais c'est le lieutenant Sy ; qu'est-ce qui t'arrive?". Je lui raconte toute mon histoire. C'est lui que le sous-lieutenant Ely a remplacé dans son commandement. Le soldat de première classe Oumar revient lui mettre une chaîne aux pieds. Le sous-lieutenant Sow Ibrahima me raconte, à son tour, son arrestation. Il lui a simplement été notifié qu'il est en état d'arrestation. Ensuite, il est ligoté et jeté dans le véhicule qui a amené le sous-lieutenant Ely. Il ne sait pas pourquoi il est arrêté et me demande ce qui se passe, parce qu'il a appris de mauvaises nouvelles sur Inal. Un soldat haratine, de son peloton, qui était parti en permission de trois jours à Nouadhibou, était repassé par Inal, la seule gare du secteur. Ayant appris ce qui s'y passait, ce soldat s'en est ouvert à Sow Ibrahima dès son retour de permission. Il me dit que six personnes auraient été exécutées et m'en cite quelques-unes, le sergent chef Ndiaye, le sergent Ndiaye Alioune qui était un cousin à moi, le caporal Sy Moustapha Bocar et le soldat de première classe Deh Ousmane Yéro qui fut le premier militaire de la région à être arrêté. Le caporal Sy Moustapha Bocar a été tué le jour même de son arrestation à Inal où il servait depuis quelques années. En tant que proche parent de mon épouse, il passait à la maison nous voir à chaque fois qu'il était de passage à Nouadhibou. Il a toujours été méfiant à l'égard du Maure de façon générale. Il les détestait autant qu'ils le lui rendaient. Il disait très souvent qu'un jour ou l'autre, ils fomenteraient un coup bas contre les Nègro-mauritaniens. Il était connu de ses chefs comme un grand bosseur mais aussi comme un garçon très vindicatif. C'est sa promptitude à leur cracher ses quatre vérités qui lui a valu cette mutation à Inal, il n'y avait pas d'endroit plus reculé dans la région de Nouadhibou. Ils l'ont étranglé à mort dans sa cellule. Quant au sergent Ndiaye Alioune, il a travaillé comme transmetteur à la base marine de Nouadhibou. Il est relevé de cette fonction et muté à la première région militaire puis à Inal parce qu'il avait eu une altercation avec un officier maure, dont il avait souligné, devant public, le comportement raciste. Il a été muté à Inal, il y a environ trois mois. Il fut abattu d'une balle, dans sa cellule, lui aussi. Raison invoquée, tentative d'évasion. Il aurait tenté de fuir par la fenêtre. Utopie. Les "fenêtres" ne sont en réalité que des trous de 15 centimètres de diamètre, même un chat aurait du mal à s'y glisser. En plus, les prisonniers sont ligotés. Il avait été abattu peut-être tout simplement parce qu'il aurait répondu à une insulte ou donné une réponse malveillante.

Puis, je lui parle de Sall Abdoulaye Moussa, de son état de santé et de la terrible phrase du caporal étrangleur. Il en tire la même conclusion que moi, Sall Abdoulaye Moussa est mort. Je lui demande s'il a des nouvelles du deuxième Sall, le lieutenant Sall Amadou Elhadj. Il a appris son arrestation mais n'en sait pas plus.

Un an plus tôt, le lieutenant Sall Amadou Elhadj devait se rendre dans le sud de la Mauritanie dans le cadre du conflit qui a opposé la Mauritanie au Sénégal. Il s'est arrêté à Nouakchott, passage obligé pour aller au sud, avec son escadron. A son arrivée à l'état-major, les autorités ont jugé qu'il n'était pas apte à remplir la mission pour laquelle son escadron avait été déplacé. Il s'agissait d'aller terroriser et déporter les populations négro-mauritaniennes du sud. Il est lui-même originaire de cette région de la Mauritanie.

Il est donc relevé de ses fonctions de commandant d'escadron et remplacé par un officier maure à la tête de ses hommes. Quant à lui, il est renvoyé à sa formation d'origine, Boulanouar, où il restera jusqu'à son arrestation. S'il vit encore, il est possible qu'il soit même à Inal. Cela fait bien sept jours que je suis ici et je n'ai pu voir à ce jour que quatre prisonniers. Des camions arrivent pourtant toutes les nuits. Ils s'arrêtent à chaque fois derrière ma cellule. Nous discutons jusque tard dans la nuit, Sow et moi. Il me dit avoir entendu qu'il n'y a plus un seul soldat négro-mauritanien à La Guerra mais qu'il n'y a pas cru. Moi aussi, si je n'avais pas vu ce qui se passe à Inal, je n'y aurais pas cru. Et pourtant c'est la vérité, deux jours après mon arrestation, une rafle a été faite dans mon escadron. Ils ont tous été arrêtés et sont tous ou presque à Inal. Je parle à Sow de mon inquiétude concernant le projet concocté par les soldats concernant mon exécution. Il ne pense pas qu'ils oseront le mettre à exécution.

Personne ne se présente ce soir-là, la présence de Sow a dissuadé mes assassins, du moins pour aujourd'hui. Comme tous les jours, la nuit est ponctuée de lamentations et de bruits des camions bâchés. Sow a eu plus de chance que moi, il n'a pas été torturé lui et est donc surpris par l'ampleur des gémissements. "C'est quoi ce bruit?" me demande-t-il. Je lui explique. Il me rappelle qu'il n'y a à Inal qu'une cinquantaine de militaire maures et qu'en conséquence ils ne peuvent pas être partout à la fois. Sow ne sait pas que le colonel Ould Boïlil a envoyé des renforts à partir des autres formations de la région.

Le lendemain, un prisonnier s'ajoute à nous, le lieutenant Sall Amadou Elhadj. Il a été arrêté le premier novembre à Boulanouar, à la suite d'une convocation au

P.C. de Boulanouar où il est ligoté dès son entrée et jeté dans un véhicule Sovamag. Il est débarqué à quelques kilomètres d'Inal, à Akhoueïtt, dans une ancienne position militaire. Un conteneur lui sert de prison durant son séjour dans ce lieu. Il s'est ouvert la main droite entre Boulanouar et ce fameux poste militaire. Le véhicule roulait à tombeau ouvert, en retombant au cours d'une secousse, il a essayé d'amortir sa chute avec ses mains liées dans le dos, mais il a atterri sur un boulon fixé au plancher de la voiture. Il pense que quelqu'un a un peu forcé le destin, en poussant sous lui une plaque de fer hérissée d'une pointe et s'estime heureux d'avoir eu le reflex d'amortir sa chute avec les mains. Le boulon lui a traversé la paume de la main droite mais personne, à part lui, ne semblait se soucier de ce détail. C'est seulement à l'arrivée qu'on lui panse la main avec un morceau de sa chemise. Il subit toute sorte de tortures. Dans chaque camp, les bourreaux ont leurs spécialités et leurs préférences. Les siens ont une certaine prédilection pour le supplice de la noyade : la tête du supplicié est maintenue dans un fût rempli d'eau sale jusqu'à ce qu'il perde connaissance ou boive la tasse. Il est réanimé puis passe par d'autres séances de tortures. Entre deux séances, il repasse toujours par le "zrig". Le zrig est une boisson locale faite à base lait fermenté, du sucre, d'eau et agrémentée parfois de produits aromatiques selon les goûts. C'est ainsi qu'ils surnomment la noyade, le zrig. Il est sauvagement torturé tous les jours. Puis un jour, le plus cruel de ses tortionnaires vient lui apporter un petit déjeuner, le premier depuis son arrestation et lui présenter des excuses. Il l'avait pris pour l'autre Sall qui est à Inal, Sall Abdoulaye Moussa dont on lui avait dit beaucoup de mal. Mais que lui Sall Amadou Elhadj est un bon musulman. Il lui promet que désormais il veillera à ce que personne ne le touche; il lui trouve même du mercurochrome pour sa main. Il tiendra sa promesse jusqu'à ce que le lieutenant Sall Amadou Elhadj soit transféré à Inal où il n'y a pas besoin de le prendre pour quelqu'un d'autre pour le torturer. Il ne sait même plus depuis combien de temps il est à Inal. Sa main est encore enflée et la plaie s'est infectée, elle guérira toute seule avec le temps. Il veut à son tour savoir ce qui nous est arrivé à Sow et à moi. Je lui parle de Sall Abdoulaye et de son décès.

Dans l'après-midi, nous avons la surprise de voir entrer le lieutenant Sall Abdoulaye Moussa. Il est encore plus mal en point que lors de notre dernière rencontre mais est toujours aussi lucide. Il se déplace toujours assis. Dès que la porte est refermée, les questions fusent. Non, ni Sow ni Amadou Elhadj ne savait ce qui se passe, ils n'ont pas non plus appris quoi que ce soit par les médias. Oui, ils écoutent régulièrement la radio mais même du côté de Nouakchott, personne n'en a parlé. C'est comme si personne n'était au courant de ce qui se passe à Inal, en dehors des victimes et de leurs bourreaux. Quelqu'un finira bien par être au courant et alerter l'opinion internationale. Nous n'avons pas beaucoup d'espoir dans une intervention intérieure. Connaissant très bien le colonel Sid'Ahmed Ould Boïlil, nous savons qu'il ne peut pas entreprendre une opération d'une telle envergure sans la bénédiction des autorités de Nouakchott. Nous sommes désormais quatre dans la cellule, je me sens beaucoup plus rassuré, l'idée d'être assassiné de nuit ne m'habite plus. Cependant, même de jour, j'essaie de sortir le moins possible, pour les toilettes, surtout quand c'est le soldat de première classe Oumar qui est de service. Je m'en méfie comme d'une peste.

Il ne m'a pas pardonné le départ d'Ely et ne cherche même pas à me cacher son hostilité. Je suis sûr qu'il est capable de me tirer dans le dos et dire que je voulais fuir.

Nous essayons d'organiser et de meubler le temps, la prière constitue notre occupation primordiale. Sow Ibrahima fait office d'Imam, il préside les prières collectives tandis que Sall Amadou Elhadj s'occupe de la traduction du Coran et des hadiths. Les prières se poursuivent très tard dans la nuit.

Le lendemain, 19 novembre, on nous apporte un paquet de biscuits Sarakolé. Chacun de nous reçoit une poignée de galettes, nous buvons beaucoup d'eau pour nous donner l'illusion d'avoir le ventre plein. Désormais le petit déjeuner se passera comme ça, avec le même menu.

Le 20 novembre, un cinquième locataire arrive dans la cellule, le sous-lieutenant Bâ Kalidou, ensuite c'est au tour du lieutenant Dia Youssouf Elimane de s'ajouter à nous. Dès que la porte se referme derrière un nouvel arrivant, on se précipite sur ce dernier pour poser les mêmes questions, mais personne ne sait jamais rien. Même au niveau des accusations, il n'y a absolument pas de cohérence. Certains sont accusés d'avoir voulu tuer le colonel Boïlil ou tous les Maures, d'autres d'avoir voulu faire une rébellion, d'entretenir des relations avec les FLAM (Forces de Libération Africaines de Mauritanie) ou plus simplement d'avoir été "dénoncés" par un ami. Comme nous tous, Bâ Kalidou a rencontré le soldat Youba Keïta et suivi ses conseils. Il nous dit que ce dernier lui a conseillé de crier. "Depuis que je l'ai compris, je me mets à hurler dès que les tortionnaires lèvent la main et parfois même avant" nous dit-il. Ce passage de son récit nous amuse beaucoup, et on rit si fort, Sow et moi, que cela nous attire les insultes de nos gardiens, de l'autre côté de la porte.

Le lieutenant Dia Youssouf Elimane souffre beaucoup, il se plaint sans arrêt, il a mal à la poitrine, on lui a cassé une côte. Pour le moment, il n'en sait rien et ne le saura que sept mois plus tard en faisant des radiographies. Il nous rapporte le récit suivant:

Un jour, dans le hangar où il était détenu avec la troupe, un soldat dont il ne connaît pas l'identité gémit sans arrêt, "il a dû se casser quelque chose" pense Dia Youssouf Elimane. Un groupe de tortionnaires passe devant leur hangar, le soldat Souleymane Ould Eleyatt s'en détache. L'un de ses compagnons essaie de le retenir par la main en lui demandant de laisser tomber. Il lui dit qu'il n'en a pas pour longtemps et lui demande d'ailleurs de l'accompagner. L'autre hésite un moment entre rester avec Souleymane ou continuer son chemin, il décide finalement de rejoindre le groupe. Souleymane s'approche, d'un pas décidé, du malheureux prisonnier, le regarde un instant et lui décoche un violent coup de pied en lui disant de se taire. Ce dernier hurle sous la douleur. Souleymane lui donne encore un coup de pied, mais le prisonnier gémit toujours, il entre alors dans une violente colère et se met à le rouer de coups. Il prend ensuite, à plusieurs reprises, son élan comme un tireur de penalty et vient lui donner un coup de pied presque toujours au même endroit. Le prisonnier crie de plus belle. Souleymane ramasse un bâton qu'il avait déposé pas loin et se met à taper "silence, silence, vreikh" crie-t-il. Le bâton se casse, il prend une planche et continue. Il y met un tel acharnement que les plaintes deviennent de plus en plus faibles pour ne devenir que des gémissements et puis c'est le silence. Alors Souleymane, essoufflé et trempé de sueur, ramasse sa casquette, tire le cadavre par les pieds, laissant derrière lui une traînée de sang sur le sol, l'abandonne plus loin, à côté d'un autre corps tout près d'un véhicule et s'éloigne sans un regard pour les autres prisonniers. Il faut vraiment être un débile mental pour pouvoir faire une telle horreur. Parfois, quand il est pris d'envie de torturer, il dit aux prisonniers: "Je pars prendre mon repas, à mon retour, je veux vous trouver tous à plat ventre, aujourd'hui, je veux frapper". Gare à celui qui n'a pas obéi à son retour. L'insoumis, s'il y en a, est traité au "jaguar" ou bien pendu par les pieds et sauvagement torturé avant d'être tué. Beaucoup de prisonniers (une dizaine) ont eu à payer de leur vie parce qu'ils ont cru à une plaisanterie de mauvais goût. Nous sommes tous horrifiés par ce récit, une pareille cruauté ne s'explique pas.

Le lieutenant Dia Youssouf Nous rapporte aussi une autre histoire, le soldat de première classe Dia Cheikh lui a confié avoir été torturé personnellement par le colonel Sid'Ahmed Ould Boïlil. Ce dernier lui demandait ce qu'il savait de Sall Abdoulaye et moi. Pendant ses arrêts de rigueur au mess des officiers de la base régionale, le lieutenant Sall Abdoulaye avait demandé à Dia Cheikh de me transmettre une commission. Je l'avais à l'époque chargé de lui dire que je passerais le voir à la fin du service. Ce fait banal a été interprété et enrichi de détails avant d'être porté à la connaissance des services des renseignements. En me transmettant simplement une commission de mon ami Sall, ce soldat de mon escadron était devenu, aux yeux des officiers de renseignements, un agent de liaison d'une aile militaire des FLAM. Le colonel, ayant été informé que Dia cheikh a eu à me faire une commission de mon ami Sall, a donc tenu à s'occuper du soldat lui-même. Il lui avait fendu la lèvre et brisé le nez. Il ne vivra à Inal que trois jours. Il est très fort, le colonel surtout quand son adversaire est solidement ligoté et tenu en respect par un groupe de soldats en armes. Je savais depuis longtemps, qu'en haut lieu, on n'aimait pas voir deux Noirs se retrouver sans la présence d'un Maure blanc, mais tout de même, je ne croyais pas qu'une telle surveillance puisse être effectuée sur des personne n'ayant rien à se reprocher.

Le 21 novembre, le lieutenant Mohamed Mansour Kane nous rejoint. Il a été arrêté le dix-neuf novembre. Mohamed Mansour Kane, comme Sall Abdoulaye Moussa, est un ami de longue date. Lui non plus ne sait rien. Aux mêmes questions, il donne les mêmes réponses, il ne sait absolument pas de quoi on l'accuse. Après avoir écouté nos aventures et raconté la sienne, il me confie : "Avant mon arrestation, j'ai appris une triste nouvelle, le père de Sall Abdoulaye Moussa est décédé le vendredi 16 novembre à Nouakchott. Je suis très embarrassé, ne sachant pas comment le lui annoncer". Je lui dis que je le ferai moi-même dès que Sall sera de retour, il est sorti pour le moment sous prétexte de se soulager. Toutes les deux ou trois heures, l'un de nous demande à aller se soulager. Cela nous permet de moissonner pas mal d'informations.

Arrivée des marins

Dès que l'un de nous revient, on se met autour de lui pour savoir ce qu'il a pu apercevoir ou entendre. Ainsi nous apprenons qu'une vague de marins est arrivée le vingt au matin. En effet, il y a eu beaucoup de mouvements de voitures et la clameur des plaintes a été plus puissante. La vieille rancœur qui a toujours opposé les marins aux soldats de l'armée de terre, trouve à Inal un terrain favorable au règlement de ce contentieux qui remonte à la création des deux corps. Aussi la violence de la torture est à la dimension de la haine que les tortionnaires portent aux marins. Un tiers des marins arrivés cette nuit-là ne verra pas le lever du jour. Leur arrestation s'est déroulée pour beaucoup d'entre eux de la façon suivante : il leur est notifié, après le rassemblement de midi, que le directeur de la marine, le colonel Abderrahmane Ould Lekwar, désire s'entretenir individuellement avec tous les marins. Le colonel Ould Lekwar a lui aussi changé son nom lors des événements de 89, il est devenu aujourd'hui Mohamed Abderrahmane Ould Yahya - Ould Lekwar signifiant "fils de Négro-mauritaniens". Tous les marins, maures comme nègro-mauritaniens, sont introduits un à un dans la "salle de réunion" de la base marine, les premiers savent et jouent le jeu, ils ressortent par derrière, par une porte de secours, les marins nègro-mauritaniens sont quant à eux attendus par un peloton de marins et de soldats de l'armée, chargés de les ligoter, les bâillonner et de les mettre dans un coin de la salle. Ainsi ceux qui sont dehors ne peuvent pas savoir ce qui les attend en franchissant la porte pour "voir leur chef de corps". Les absents au rassemblement sont convoqués d'urgence à la base marine. Ensuite, le reste se passe comme pour les prisonniers militaires, yeux bandés, camions bâchés, passage à la base de commandement régionale de l'armée où ils ont un avant-goût de l'accueil militaire qui les attend. Certains d'entre eux ont été torturés avant leur départ de la base marine. Ils découvrent ensuite la route d'Inal avec son cortège d'arrêts suspects.

J'informe Sall Abdoulaye du décès de son père. Il accueille cette nouvelle avec beaucoup de philosophie. Il nous parle quelques instants de ce dernier et de leurs relations. Mais revient très vite sur les problèmes du moment. Nous récitons, à l'intention de son père, la prière aux morts. Tous les jours à l'aube, nous nous réveillons, pour faire notre prière matinale. En plus de la pratique physique de la prière, nous passons beaucoup plus de temps avec les prières orales, en invoquant Allah sous ses différents noms. Elles se prolongent jusqu'au petit déjeuner. Désormais, chaque matin, nous avons chacun une poignée de biscuits Sarakolé. Ensuite vient le moment de l'interprétation des rêves, il y en a toujours un, dans une cellule collective de prison. Chacun raconte son rêve de la veille. Ils sont le plus souvent interprétés dans le sens d'une libération. L'eau, la végétation, la couleur blanche symbolisent la liberté. Tandis qu'une viande fraîche annonce une mort imminente. Mais les rêves les plus fréquents sont ceux dans lesquels il est question de repas copieux, l'organisme humain a ses priorités. Nous avons deux sortes de prières, celles pour attirer sur nous ce qui nous semble positif dans nos rêves et celles pour repousser le mauvais présage. C'est toujours Sall Amadou Elhadj qui décide de la prière appropriée à réciter.

Le 23 novembre, vers 9 heures, la porte s'ouvre, le lieutenant Anne Dahirou, un cousin à moi, entre, il est escorté par deux soldats et, est presque nu, il n'a sur lui qu'un slip. Il nous regarde tous et nous lance un joyeux "bonjour le peuple, comment ça va?". Pas de réponse, nous attendons, comme d'habitude, que la porte se referme avant d'engager une conversation avec le nouvel arrivant. Mais au lieu de cela, ils le ressortent tout de suite. S'ils n'ont pas eu l'intention de le laisser dans la cellule, pourquoi l'y ont-ils amené? On ne le saura jamais.

L'épreuve des voitures

Le 23 novembre, vers dix-sept heures, la porte s'ouvre à nouveau, deux minutes s'écoulent sans que personne n'entre. Mon intuition n'est pas pour me rassurer, lorsque, comme un gaillard, le caporal étrangleur s'encadre dans la porte, de son index, il me fait signe de venir. Mon cœur se met à battre plus vite, tout d'un coup, les séances d'étranglements me reviennent à l'esprit. Je me fraie un chemin jusqu'à lui, autour de moi, c'est le silence. Un mélange de peur, de compassion et de curiosité se dégage du regard de mes compagnons, il invite les lieutenants Sall Abdoulaye Moussa et Mohamed Mansour Kane à quitter eux aussi la cellule.

Dehors, nous formons une seule colonne et sous le commandement de notre bourreau, nous nous traînons vers la façade ouest de la base. Ould Demba marche en tête, il a dans sa main gauche des bandeaux, donc c'est bien pour être torturés qu'on nous a sortis et peut-être même pour nous tuer. Un autre soldat en arme ferme la marche de la colonne insolite que nous constituons. Nous passons devant une mosquée en construction où d'autres prisonniers s'occupent. Quelques mètres plus loin, près du dernier hangar, le plus grand de la base, je vois deux soldats rudoyer un officier de la marine, le sous-lieutenant Tambadou Abdoulaye, n'a sur lui que son slip. Il se déplace en sautillant sur ses pieds enchaînés et ses mains sont liées derrière lui. Un soldat le pousse dans le dos, il trébuche et tombe. L'un des soldats se met à lui sauter sur le dos à pieds joints, comme un champion de trampoline.

A Nouadhibou, Tambadou Abdoulaye habite à moins de cent mètres de moi. Sans nous fréquenter régulièrement, nous nous connaissons bien. "Avance" me crie le soldat qui ferme la marche. Je reprends ma progression, les autres ont pris un peu d'avance sur moi. Le regard du soldat est mauvais, aussi je me mets en devoir de rattraper rapidement les autres. Nous dépassons le grand hangar transformé en prison, initialement, il abritait les véhicules de la base. Ceux-ci sont alignés presque contre la digue.

J'aperçois sous le hangar les masses sombres des prisonniers. Ils sont ligotés et couchés à même le sol. Je vois aussi un prisonnier qui revient de l'autre côté de la digue, l'adjudant Dia Amadou de la batterie des 23mm, basée à l'aéroport de Nouadhibou, il se déplace comme Tambadou en sautillant mais son déplacement s'effectue latéralement. Apparemment, chaque groupe s'est trouvé un mode de déplacement. J'entends la voix familière d'Anne Dahirou avant de le voir il demande à parler à son cousin. De quel cousin s'agit-il? Nous sommes deux à être ses cousins, le sergent Ndiaye et moi. Il a des traces de cordes sur le corps, au niveau de la poitrine, il a été traîné derrière une voiture, les cordes utilisées à cet effet laissent des traces. Notre colonne s'arrête, on nous conduit chacun derrière un véhicule, nos vêtements sont retirés, à l'exception du slip. Ensuite, nous sommes attachés chacun derrière un véhicule.

Le lieutenant Anne Dahirou est attaché derrière une Land Rover, le véhicule de commandement du capitaine

Sidina Ould Taleb Bouya, il est à l'autre extrémité sur ma gauche, ensuite viennent, respectivement le lieutenant Mohamed Mansour Kane puis le lieutenant Sall Abdoulaye Moussa attachés eux derrière des Sovamags. Quant à moi, on me destine un camion. "C'est parce que tu es le plus grand" me dit un soldat. J'en déteste presque ma taille. La masse du camion m'impressionne, j'aurais préféré avoir un petit véhicule comme les autres. Le caporal Ould Demba nous met les bandeaux. On m'asperge d'eau sale et puante. J'entends un moteur tourner et sens un goût âcre de fumée de gasoil au fond de ma gorge. Le camion, une Mercedes type 11/13, se met à rouler. J'essaie de suivre en courant mais cela ne peut durer longtemps avec des pieds enchaînés et qu'en plus, il faut courir à reculons. J'ai le dos tourné au camion et ne tarde pas à être traîné. J'ai une douleur atroce à une cheville, je me suis fait une entaille sur une pierre. Mon dos aussi me fait terriblement souffrir, les blessures se sont réouvertes. Le camion fait un tour fermé pour s'immobiliser à peu près au même endroit. Je suis redressé et attaché à la portière arrière du camion. Les autres n'ont pas bougé de leur place. Le capitaine Sidina n'est pas loin de là, j'entends sa voix: "Ne tuez pas ceux-là, j'en ai encore besoin", il parle de quelques marins que je ne peux pas voir de ma position. J'appelle parce qu'un coin du bandeau est entré dans mon œil. A ma grande surprise, c'est le capitaine en personne qui me le retire. Tout à l'heure, il nous a abreuvé d'insultes: "Sales juifs, on vous aura tous, même vos médecins seront là demain, tous vos cadres seront ici, pas un de vous ne restera dans l'armée". Après m'avoir retiré le bandeau, il s'en va insulter copieusement les autres, dans le hangar. Mes compagnons conservent leurs bandeaux. Le mien n'a pas été remis, peut-être par oubli ou tout simplement parce qu'il n'a pas jugé utile de le remettre, auquel cas cela voudrait dire qu'il se moque de ce que je pourrais voir et que cela ne me servirait, de toutes les façons, à rien. Nous sommes face à la digue qui délimite la façade ouest de la base. De ce côté, elle n'est haute que de 50 cm à 1m par endroits. Le capitaine Sidina a fait allusion à nos médecins, il n'y en a qu'un qui soit susceptible de pouvoir être à Inal d'ici demain, le capitaine Kane Hamedine. Il est le seul officier médecin de la région. Ces propos signifient que ce dernier est déjà arrêté ou que son arrestation est imminente. De quels autres cadres parle-t-il? Tous ceux de la région sont déjà là, à moins que Nouakchott n'envoie ici d'autres officiers prisonniers.

Le terrain de foot que j'avais aménagé se trouve à moins de cent mètres de là. Je remarque au loin une sentinelle sur une crête entre le terrain et la voie ferrée. Il y a également une tente entre deux rochers non loin de la sentinelle. Ce poste n'existait pas du temps où j'étais en service à Inal. Il a dû être mis en place à cause de la situation actuelle. Ce doit forcément être une position précaire. Autrement, on aurait construit au lieu d'utiliser une tente. Son installation ne peut répondre qu'au besoin d'empêcher toute évasion ou tentative d'évasion de prisonniers. Elle permet aussi d'éloigner les bergers égarés ou tout simplement d'éventuels curieux. A partir de ces points, on a une vue prenante sur toute la zone située à l'ouest, au sud-ouest et au nord-ouest d'Inal. On peut détecter le moindre mouvement, sur plusieurs kilomètres. Dans le hangar derrière moi, les tortures ont repris, les cris de douleurs montent à nouveau.

Anne Dahirou a perdu connaissance. Un soldat le détache pour le traîner à l'entrée du hangar et le jeter au sol.

Comme trêve, il reçoit un jet d'eau sur le corps, ensuite, le soldat se met à le battre. Il est vite rejoint par d'autres militaires, ils le réaniment à force de frapper. Anne Dahirou est ramené au véhicule et attaché de nouveau à sa Land Rover.

Je suis maintenu debout contre la portière arrière du camion par deux cordes, une au niveau du bassin, elle est attachée aux bords inférieurs de la caisse du camion et l'autre passe au-dessus de mon thorax. Cette dernière est fixée à des crochets latéraux du camion. Mes mains sont liées derrière mon dos. Au bout d'un moment, je suis pris d'une terrible angoisse en regardant la corde supérieure, elle passe sur ma poitrine. Je peux à tout moment sombrer dans l'inconscience et glisser, ce qui pourrait alors se passer me terrifie. Si jamais je glissais à la suite d'une perte de connaissance, la corde s'arrêterait sur ma gorge et la mort serait inévitable, mes mains attachées ne me serviraient à rien. Le temps que quelqu'un se rende compte que j'ai glissé, il serait déjà trop tard. Je me mets à réfléchir pour pallier pareille situation. Il faut rapidement résoudre ce problème. Grâce à de pénibles contorsions, je réussis à faire passer la corde sous mes pectoraux, j'appuis de toutes mes forces vers le bas. Je cherche à couper la corde mais je n'y arrive pas. Je continue sans me décourager. Finalement mes efforts sont récompensés, l'un des crochets de la caisse se redresse et la corde se libère. Je prends conscience qu'en réglant un problème, j'en crée un autre, non négligeable, il me faudra justifier comment et surtout pourquoi j'ai cassé la corde. Je me mets alors à appeler le chef de poste. Il ne faut surtout pas qu'ils découvrent d'eux-mêmes que la corde a été enlevée. Ils en déduiront que j'ai tout bonnement voulu fuir. Un soldat s'approche de moi et me demande ce que je veux, je lui dis que la corde a lâché. Aussitôt, il fait quelques pas en arrière, engage une cartouche dans son arme qu'il dirige sur moi, à la hauteur de ma poitrine. Il se met lui aussi à appeler le chef de poste. Pour éviter tout amalgame, je me mets à lui expliquer ce qui s'est passé, avant l'arrivée de son chef, tout en souhaitant que ce ne soit pas le caporal Ould Demba: "j'ai eu une défaillance et je crois que je me suis endormi ou que j'ai momentanément perdu connaissance et j'ai dû alors appuyer mon poids sur la corde. C'est certainement ce qui a détendu le crochet. J'ai aussitôt appelé pour qu'on me la remette en place. Voilà ce qui s'est passé."

L'arme est toujours braquée sur moi mais le regard du soldat est moins mauvais que tout à l'heure. Il m'aurait vidé dessus les vingt cartouches de son chargeur si j'avais tenté le moindre petit mouvement. Le chef de poste arrive, en me voyant avec la corde à mes pieds, il lève le bras pour taper. Le soldat prend ma défense et explique à son chef ce qui s'était passé tel que je le lui ai dit tout à l'heure. Le chef de poste est un soldat de première classe, l'un de ceux qui s'acharnaient tout à l'heure sur Tambadou Abdoulaye. Il hésite un peu puis, à regret, baisse lentement le bras. Il remet la corde en place, la passant à nouveau sur mon thorax. Au moment où il s'apprête à aller la fixer à un autre crochet, je lui dis que la corde était mise autrement, elle devait passer sous mes aisselles. Il me foudroie du regard, encore une fois de plus, le soldat intervient. Il dit à son chef de poste que cela n'avait pas tellement d'importance, je le remercie du regard. La corde est repassée sous mes aisselles, cette fois. Je pousse, intérieurement, un ouf de soulagement, voilà un souci de moins. Je reprends mon observation du panorama.

Un peu plus tard, le soldat se présente devant moi avec un plat de campagne entre les mains. Il y a une pâte de riz noir. Il s'était présenté à Anne Dahirou, à Kane Mohamed Mansour puis à Sall Abdoulaye Moussa. Mais tous ont refusé de manger. Il me demande si je veux manger moi aussi. Je réfléchis à toute vitesse. J'hésite entre le oui et le non, je suis très épuisé par l'épreuve du camion de tout à l'heure. J'ai envie de m'asseoir et me reposer, à défaut de pouvoir m'allonger. En acceptant de manger, le soldat sera bien obligé de me détacher, je pourrai ainsi m'asseoir ne serait-ce que le temps du repas. Alors, contrairement à l'autre, moi je choisis le oui. Il me détache juste une main, la droite et me tient le plat à la hauteur de la poitrine pour me permettre de manger debout, très grosse déception.

-Tu peux le poser par terre, c'est moins fatigant, lui dis-je.

- Ce n'est pas grave, ça ne me gêne pas du tout, toi mange.

J'en prends deux bouchées et lui dis que je n'en veux plus. Le riz sent encore plus mauvais. Il insiste en poussant le plat sur ma poitrine. "Il fait très froid la nuit, il faut beaucoup manger" me dit-il, avec un regard presque suppliant. Peut-être regrette-t-il d'avoir failli me tuer tout à l'heure, me dis-je. Pour ne pas sentir le goût du riz et son odeur dans ma bouche, j'entreprends de manger le plus rapidement possible. Ensuite, sur ma demande, il m'apporte de l'eau. Me voilà paré pour une nuit blanche. Il reprend son plat et s'en va. Le sergent chef Jemal Ould Moïlid arrive, accompagné d'une équipe de soldats. L'un d'eux tente de me remettre le bandeau, je lui dis que c'est le capitaine en personne qui l'a retiré, il laisse tomber. Jemal me demande si on a mangé et si tout va bien. Je lui dis que les autres n'ont pas mangé du tout. Mais la réponse à ses questions ne l'intéresse même pas. Le soldat lui a rendu compte tout à l'heure, ils se sont croisés alors que ce dernier repartait avec le plat. Il vérifie les liens de mes poignets et ordonne à un soldat de les desserrer. Il me dit: " Il faut se concentrer comme tu me l'as appris et tu ne sentiras pas le froid, tu te rappelles du yoga?". Puis il s'éloigne en direction du grand hangar. Les cris reprennent presque aussitôt, la trêve repas est terminée pour eux. Le soleil finit sa course à l'horizon, jamais il ne m'a paru aussi beau. Le spectacle est magnifique. Après tout, s'ils nous ont attachés derrière ces voitures, c'est peut-être pour nous tuer. Autant profiter donc de ce magnifique spectacle. Le soleil disparaît un peu trop rapidement à mon goût. J'ai comme l'impression qu'avec sa disparition, on s'éteint un peu. Progressivement, l'obscurité s'installe tandis que le froid de son côté monte implacablement, dans le désert, il est sec et pénètre jusqu'aux os. Je m'efforce d'éviter le contact froid du fer de la portière du camion. Mes pieds sont engourdis, j'ai envie de me reposer sur la corde, la tentation est grande, je ne crains plus de mourir étranglé par elle. Mais le crochet, tiendra-t-il? Et sûrement, ils ne croiront pas à une seconde perte de connaissance. Tout compte fait, je préfère me geler le dos au contact de la portière. De temps à autre, un soldat nous arrose d'eau glacée qu'il trouve je ne sais où. Parfois, c'est un groupe qui passe torturer l'un ou l'autre d'entre nous. Surtout quand ce dernier demande à aller se soulager. Cela les oblige à abandonner les marins tout fraîchement arrivés et qu'ils adorent particulièrement torturer. Le lieutenant Sall en fera deux fois les frais. Mon soldat protecteur vient une fois me demander si je n'ai pas envie de me soulager. Il me détache une seule main, j'avais espéré me dégourdir les jambes, mais au lieu de cela, il fallait tout faire sur place. Il ne laisse pas ses compagnons me torturer longtemps, trouvant toujours un prétexte pour les entraîner ailleurs. Il n'est cependant pas question de me détacher du camion.

Anne Dahirou réclame toujours son cousin. Cela finit par irriter les soldats qui s'acharnent à nouveau sur lui. Vers minuit, je ne l'entends plus. La relève des sentinelles me permet d'avoir une idée approximative du temps. Le capitaine Sidina repasse pour nous confirmer que tous les gradés peulhs, soninkés et wolofs seront arrêtés et qu'il ne restera pas un seul militaire négro-mauritanien dans l'armée. Ainsi, cette opération d'arrestation ne se limite pas à notre seule région. Il fait le tour des hangars pour leur dire la même chose. La nuit se passe dans cette ambiance, tortures, eau glacée, claquements de dents et cris de douleur. Une fois encore le camion démarre, au cours de ce déplacement, un crochet lâche de nouveau, mon corps est suspendu, plié en deux au-dessus de la corde qui me maintient au niveau du bassin. La douleur est insoutenable mais la peur prend vite le dessus, ma tête se rapproche dangereusement du sol. Le camion fait quelques mètres et s'arrête, c'était pour gonfler une roue du véhicule du commandant de base, le capitaine Sidina, son deuxième, une Sovamag. J'ai, un moment, cru qu'on allait encore me traîner et du coup je n'ai plus froid du tout. On vient me remettre la corde en place, je veille à ce qu'elle soit remise de la même façon, en passant sous les aisselles. Quelques seaux d'eau plus tard, on me laisse en paix pour le reste de la nuit.

Un camion vient d'arriver, les soldats se désintéressent de nous pour accueillir les nouveaux pensionnaires d'Inal, la deuxième vague de marins, ceux qui étaient en mer au moment des premières arrestations, et quelques militaires de l'armée de terre. Il paraît qu'un autre camion est tombé en panne à vingt kilomètres de là. Les cris des nouveaux prisonniers ne tardent pas à déchirer la nuit.

C'est l'aube, je regarde mes compagnons. Sall Abdoulaye et Kane Mohamed Mansour sont assis sur le bout de fer servant à fixer la barre de remorquage. Ils sont tous assoupis. J'appelle Sall Abdoulaye, il tourne la tête vers moi et me dit que ça va mais qu'il voudrait avoir de l'eau. Quant à Dahirou, il est à genoux. Il semble dormir paisiblement. Je me demande comment il a fait pour réussir à se mettre à genoux et dormir. Je me dis que si j'avais eu un petit véhicule comme les autres, j'aurais pu me reposer un peu moi aussi. Kane Mohamed Mansour ne dort pas, il bouge de temps en temps. Je regarde à nouveau Anne Dahirou. Un détail attire mon attention : son genou droit est à quelques centimètres du sol, il n'a tout de même pas pu dormir sur un seul genou. J'essaie de déceler un mouvement de sa part, je ne vois rien, pas même celui de sa respiration. Puis je comprends, sa tête est légèrement penchée sur le côté gauche au-dessus d'une corde. Il a dû perdre connaissance et glisser et la corde s'est alors retrouvée au niveau de sa gorge et est restée coincée sous son menton. Il est mort étranglé sans que personne ne songe à savoir pourquoi il ne s'est pas manifesté depuis minuit.

Le sergent chef Jemal Ould Moïld passe devant lui, le regarde un peu, lui soulève les paupières puis le fait détacher. Anne Dahirou tombe en avant, ses jambes sont déjà rigides et repliées, un soldat tente vainement de les redresser en les tirant, il s'assoit sur son dos et à l'aide de ses pieds, il réussit à redresser ceux de Dahirou. Ensuite, ils tirent le corps par les pieds, le hissent dans un véhicule. Deux autres soldats embarquent à bord avec des pelles, portant ainsi leur nombre à quatre avec le chauffeur. Le véhicule démarre et traverse le terrain de sport pour s'immobiliser près de la ligne rocheuse. Ils creusent un trou, descendent le corps et l'enterrent.

Lieutenant Anne Dahirou

Devant la fraîcheur et l'innocence de ce visage, on peut mesurer toute l'absurdité de la situation dans laquelle s'est trouvé notre pays.

L'enseigne de vaisseau de première classe (lieutenant) Anne Dahirou est né en 1964 à Bélinabé (Kaédi) dans le sud de la Mauritanie.

-Il s'était engagé dans la marine en 1981.

-Il fait sa formation d'officier en Libye et sort major de sa promotion.

-en 1984, il est affecté à la base marine de Nouadhibou.

-En 85, il est troisième officier à bord du bateau "El Vaïz".

-En 1989, il est commandant à bord du "Dar El Barka".

-A partir de juin 89, il est officier en second du centre d'instruction de la marine de Nouadhibou.

Il était officier de permanence le jour de son arrestation, le 19 novembre, il est donc le premier responsable marin à être arrêté.

Ainsi finit définitivement la vie d'un valeureux jeune officier, plein d'avenir et dont l'intelligence n'était plus à démontrer.

Il habitait le même bâtiment que moi à Nouadhibou, juste au-dessus de mon appartement, cela nous a encore rapprochés beaucoup plus. Nous jouions très souvent au scrabble ensemble, lui, le sergent Ndiaye Aliou, avant que ce dernier ne soit muté à Inal, et moi. Ces parties se passaient toujours chez moi et nous prenaient parfois toute une journée. Marié en juin1989, il attendait avec bonheur la naissance d'un enfant qu'il ne verra jamais, ce dernier naîtra en mai 91. Il arrivait so2uvent que son épouse et lui viennent passer la soirée avec nous. C'était un jeune homme plein d'humour et débordant d'énergie.

Kane Mohamed Mansour est détaché et reconduit à la cellule. Puis vient le tour de Sall. Il est en discussion avec le sergent chef Jemal Ould Moïlid. Comme à son habitude, il ne mâche pas ses mots et répond avec virulence aux propos de Jemal. Il demande à Jemal pourquoi il est attaché à cette voiture. Et d'ailleurs pour quelle raison est-il là? Il cherche désespérément à savoir ce qui se passe. Puis il se met à l'injurier. Ce n'est pas Jemal qu'il injurie, mais tout ce qu'il symbolise en ce moment, ce racisme et cette haine. Ce dernier lui retire brutalement son bandeau, il tourne la tête dans les deux sens pour voir si nous sommes tous là. Son regard est vide, inexpressif, je comprends que c'est fini. Il ne tient plus debout. Les soldats essaient de le relever en vain. Il bouge encore un peu et jette sur eux un dernier regard. La voiture qui avait emmené Anne Dahirou, pour son dernier voyage, vient juste de revenir, Jemal se désintéresse de Sall, des soldats l'embarquent dans le véhicule qui repart aussitôt de l'autre côté du terrain de sport. Je suis du regard le corps de mon ami, ils n'ont même pas fermé la portière arrière du véhicule. Ils s'immobilisent au même endroit et les soldats commencent à creuser. Sall est enterré juste à côté de Dahirou. Ses dernières paroles auront été l'expression de sa volonté de condamner ce système dont les actes barbares sont indignes de notre temps. Il aura clamé son innocence et défendu son point de vue jusqu'à son dernier souffle.

Lieutenant Sall Abdoulaye Moussa

(à la fin de sa formation à l'école militaire interarmes d'Atar en 1984. Ce V de la victoire en dit long sur sa joie de vivre et toute sa fierté de servir son pays à travers l'armée mauritanienne)

Le lieutenant Sall Abdoulaye Moussa est né en 1959 à Garlol dans le sud de la Mauritanie. Il s'est engagé volontairement dans l'armée en 1982, a fait sa formation d'officier à l'école militaire interarmes d'Atar. Après cette formation il est muté à la première région militaire de Nouadhibou où il a servi jusqu'à la date de son arrestation, le 29 octobre 1990.

Mon soldat protecteur me détache, il me laisse un peu de temps, en signe de compassion, voyant que j'étais fasciné par ce qui se passe de l'autre côté du terrain de sport. Il me tend un paquet de galettes mais je n'en veux pas. Il insiste, je jette le paquet par terre. Il le ramasse et le met dans ma chemise qu'il roule en boule avant de me le tendre à nouveau. Ma douleur est immense, en moins d'une demi-heure, j'ai perdu à jamais mon cousin et l'un de mes meilleurs amis au monde. J'attends encore un peu, je ne sais trop pourquoi ni quoi d'ailleurs. On se met en route pour la cellule.

Un camion est garé presque à l'entrée de la petite cour. Je crois d'abord qu'il est là pour nous transporter ailleurs. Partout, on ne pourrait être que plus à l'aise qu'à Inal. Ma joie est de courte durée, je comprends très vite qu'il s'agit de nouveaux prisonniers, c'est le camion qui était en panne cette nuit. Des soldats jettent systématiquement les prisonniers au sol. Ils en sont presque aux derniers, les autres sont déjà regroupés à l'écart. Au fur et à mesure que les soldats les balancent par terre, d'autres les reçoivent à coups de matraque avant de les traîner vers le groupe des prisonniers, parmi eux, le soldat de première classe Ly Mamadou Ousmane me reconnaît, il me regarde avec insistance, il a envie de me dire quelque chose, on dirait, à moins qu'il ne soit tout simplement surpris par ma présence ou mon état ; son bandeau pend sous son menton. Il a grandi dans ma famille où il a vécu jusqu'à son incorporation dans l'armée, en 1974. Une scène attire mon attention, on est en train de descendre du camion un corps sans vie, le soldat de première classe Ndiaye Hamet est mort par asphyxie sous le poids de ses compagnons et il n'est pas seul. Un soldat le traîne par les pieds et le met à côté de trois autres corps. Le sergent Thiaw Mamadou, le sergent Bassoum Oumar et une autre personne que je n'identifie pas sont rangés près du mur. Je passe à moins de quatre mètres d'eux. Je suis bousculé un peu par mon soldat protecteur qui me dit de ne pas regarder. Mais lui-même n'a pas pu s'empêcher de regarder. Le sergent Thiaw, le soldat de première classe Ndiaye Hamet et le soldat de première classe Ly Mamadou Ousmane sont tous du même village, Medina Fanaye, plus connu sous le nom de Salndé, dans le sud de la Mauritanie. Leurs parents ont tous été torturés, humiliés, dépouillés de tous leurs biens et déportés lors des événements sénégalo-mauritaniens. Le village entier a été obligé de traverser le fleuve Sénégal à la nage et de nuit, sous la menace de militaires en armes.

Nous traversons la petite cour, un autre soldat nous ouvre la porte de la cellule. Kane Mohamed Mansour leur a déjà parlé du décès d'Anne Dahirou. Je les mets au courant pour Sall Abdoulaye Moussa. Le silence qui suivit l'annonce de ces deux nouvelles dura toute la matinée et n'est interrompu que par la prière aux morts que nous récitons pour eux.

Vers midi, nous recevons de nouveaux compagnons, le capitaine Lôme Abdoulaye, le lieutenant Kane Amadou Racine, le lieutenant Sall Oumar, le sous-lieutenant Tambadou Abdoulaye. Le capitaine Lôme était détenu dans mon ancien appartement, plus exactement dans la pièce qui, autrefois, me servait de cuisine. Il a cruellement été torturé, des ongles lui ont été arrachés et son dos présente des traces de brûlure, on lui avait brûlé du papier sur le dos. Les marques laissées par les séances d'étranglement se voient nettement sur son cou. Il était en mer quand ils sont venus le chercher pour le conduire à la base marine où il devait voir son chef de corps. Une fois sur place, il est solidement ficelé et embarqué dans un camion pour se retrouver la même nuit à Inal. Il ignore totalement ce qui se passe et ne sait toujours pas ce qu'on lui reproche.

Le lieutenant Kane Amadou Racine a eu droit, après de multiples séances de torture, à mon fameux poteau avec une nouveauté, cependant, ses mains étaient attachées mais relevées de sorte qu'il a toujours le buste constamment penché en avant. La douleur au niveau des épaules est insoutenable, nous dit-il. Comme moi, il en est à sa deuxième arrestation, en 87, il a fait un mois à Nouakchott, à Jreïda précisément, avant de reprendre son poste à Nouadhibou.

Le lieutenant Sall Oumar souffre beaucoup, ses liens sont si serrées aux poignets qu'ils pénètrent carrément dans sa chair, ses doigts bougent difficilement. Les soldats réussissent à les lui retirer mais le mal est déjà fait, la gangrène s'est installée. Tambadou présente les mêmes symptômes mais aux pieds.

En fin d'après-midi, le capitaine Kane Hamedine vient grossir notre groupe. Il lui est reproché de détenir dans l'armoire à médicaments, de son bureau, comme tous les médecins du monde, un produit dont le flacon porte la mention "dangereux". Il aurait, dit-on à Inal, l'intention d'empoisonner les Maures de toute la ville et ceux de la région de Nouadhibou. Il a été flagellé si sauvagement, qu'il a le dos complètement lacéré.

Chacun des nouveaux venus raconte sa mésaventure. Jusque-là, personne ne sait avec exactitude ce qu'on lui reproche et encore moins pourquoi il a été arrêté. En entrant dans la cellule, ils espèrent tous obtenir quelques éclaircissements de notre part. De notre côté, nous attendons la même chose de tout nouveau venu dans la cellule.

Nous évoquons tous les problèmes rencontrés par les Négro-mauritaniens dans le pays, pour essayer de trouver éventuellement une explication à la situation présente. Nous parlons longuement de 87 et de la dénonciation du putsch. Quand le nom de Bâ Paté, un officier de la marine, est cité comme étant le dénonciateur de 87, le capitaine Lôme nous dit que ce n'est pas Bâ Paté qui a dénoncé. Il est catégorique sur cela, il nous donne même un nom. Sall Oumar confirme les dires de Lôme, il détient son information d'un officier maure qui connaît très bien la personne qui avait trahi les putschistes de 87 pour la bonne et simple raison que c'est à lui que ce dernier s'est adressé pour transmettre l'information. A l'époque, toute la communauté négro-mauritanienne du pays a accusé à tort Bâ Paté. J'imagine les souffrances qu'il a endurées, rien ne pourra effacer les misères qui lui ont été faites par les siens à travers cette accusation. Le capitaine Lôme dit qu'il espère un jour que le dénonciateur payera pour tout le mal qu'il a fait à ce peuple : les événements de 89 entre la Mauritanie et le Sénégal et celui que nous vivons présentement ne sont que la continuité de la réaction des autorités de Nouakchott face au problème de 87. Le capitaine Lôme n'a aucune raison de nous raconter des mensonges surtout dans les conditions actuelles.

Sow et moi, nous trouvons toujours une blague à raconter pour égayer l'atmosphère, entre les repas, les prières et...les séances de torture. Tambadou se joint à nous, il aime bien en raconter, lui aussi.

Le vingt-six novembre, le capitaine Lôme refuse de manger à midi, il est étrangement calme depuis ce matin. Ses plaies se sont infectées, il souffre beaucoup mais en silence. Nous insistons pour qu'il mange, il n'a pas faim, dit-il. Il est couché sur le côté gauche et nous tourne le dos. Nous lui laissons un peu de pâte de riz pour le cas où il en aurait envie plus tard. Quand nous finissons de manger, il demande de l'eau. Je l'aide à s'asseoir et lui donne à boire à l'aide d'une gamelle en lui soutenant la tête un moment. Puis je repose doucement sa tête mais constate qu'il ne bouge pas, son regard est fixe. Je demande au capitaine médecin de voir ce qui se passe. Il doit être entre 13 et 14 heures. Pas une seule fois on a entendu le capitaine Lôme se plaindre depuis son arrivée dans la cellule. Son visage est détendu et serein, même dans la mort, il conserve une expression d'une grande dignité.

Capitaine Lôme Abdoulaye

Le lieutenant de vaisseau (capitaine) Lôme Abdoulaye est né en 1945 à Cas-Cas. Il s'est engagé dans la marine en 1962.

- 1966, commandant à bord du "Imragen".
- 1968, commandant à bord du "Slougui".
- 1975, commandant à bord du "Dare El Barka".

-1976, commandant de la base marine de Dakhla (Sahara occidental).

- 1978, commandant à bord du "Idini".
- 1979, commandant à bord du "Boulanouar".
- 1982, commandant à bord du "10 Juillet".
- 1983, directeur du centre d'instruction navale de Nouadhibou.
- 1984, directeur de la base navale de Nouakchott.
- 1986, commandant de la base navale de Nouadhibou. Puis conseiller au directeur de la marine nationale.
- 1987, il est muté au port autonome de Nouakchott.

Septembre 89, il est commandant à bord du patrouilleur "Nmadi" jusqu'à son arrestation.

Il est arrêté le 19 novembre 1990 et meurt le 26, soit sept jours plus tard.

Nous appelons le chef de poste, il nous demande derrière la porte ce qui se passe, nous lui annonçons le décès du capitaine Lôme. La porte s'ouvre sur un groupe de soldats. Nous sortons le corps de Lôme et ils nous disent de retourner en cellule. Nous nous replaçons derrière la porte à épier leurs gestes. Ils le mettent dans une couverture et un véhicule démarre quelques instants après. Nous l'écoutons s'éloigner. Tout de suite, nous lui dédions la prière aux morts.

C'est à ce moment précis que le lieutenant Sall Oumar nous dit: " le prochain, ce sera moi, ce sera mon tour". On lui dit d'arrêter de raconter des conneries. Il reprend : "je sais ce que je dis".

Le lieutenant Sall Oumar a été arrêté le 19/11/90. Il venait juste de finir sa prière du crépuscule et était assis sur son tapis de prière dans un coin du salon. Le couvert était déjà mis et son épouse s'apprêtait à servir le repas quand se présente l'adjudant chef Hacen Ould El Arbi pour lui notifier que le directeur de la marine désire s'entretenir avec tous les officiers. Hasni n'était pas venu seul, il est accompagné du lieutenant Atiyoullah qui attendait à l'entrée de la maison de Sall Oumar. Quand ils arrivent à la base marine, on lui dit qu'il est attendu à la salle de réunion. Dès qu'il en franchit le seuil, des soldats lui sautent dessus. Il essaye de se débattre mais le capitaine Lôme lui dit en pular (langue peulh) : "du calme Oumar ; ces gens sont capables de tuer et ils n'hésiteront pas à le faire". C'est alors qu'il constate qu'il n'est pas seul, tous les officiers noirs, à l'exception des Haratines, de la base marine de Nouadhibou, sont regroupés là. Ils sont tous ligotés, il ne manquait que lui. Il y a aussi des sous-officiers et des matelots. Peu après, ils sont embarqués dans un camion, les soldats chargés de les convoyer se mettent debout autour d'eux pour cacher leur présence à la vue extérieure. Ainsi, on a l'impression, en croisant le camion, qu'il s'agit de soldats revenant d'une manœuvre militaire.

Le capitaine Kane Hamedine n'arrive plus à tenir debout correctement. Son dos s'est infecté. Il a une énorme bosse, de la taille d'une balle de tennis, dans le dos. Ce n'est pas auprès de nos geôliers que nous devons espérer trouver des médicaments et encore moins pour un médecin supposé vouloir assassiner tous les Maures de Nouadhibou avec son petit flacon de produit "dangereux".

Fête nationale

Le 27 dans l'après-midi, des prisonniers sont choisis dans les hangars et sont marqués d'une croix avec un feutre bleu. Plus tard, ils se voient attribuer des numéros allant de un à vingt-huit par le caporal Ould Demba. Quelques gradés, dont le capitaine Sidina, sont là. L'un des prisonniers, un sous-officier de la marine, portant le numéro onze, demande pourquoi on leur a attribué des numéros. "C'est pour vous transférer ailleurs" lui répond le sergent chef Jemal Ould Moïlid. Le sergent Diallo Sileye Beye dit à Jemal qu'il préfère rester avec ses amis les marins, étant lui-même un marin. Il est infirmier et a toujours occupé le poste de laborantin de la région, à cet effet, il est très connu dans la région aussi bien dans le milieu militaire que civil. Après une courte hésitation, Jemal dit de le retirer et de mettre quelqu'un d'autre à sa place. Un autre soldat est choisi, le deuxième classe Daillo Abdoul Beye, le petit frère du premier. Les prisonniers numérotés sont mis à l'écart. Ils s'attendent à embarquer dans un camion pour une destination inconnue. Nous sommes à la veille du trentième anniversaire de l'indépendance de notre pays. En temps normal, on devrait être en train de se préparer pour le défilé au flambeau et pour celui de demain matin. De notre côté, nous attendons sans trop y croire, une éventuelle intervention du Président de la République pour au moins, être fixés sur les raisons officielles de notre présence ici. La Mauritanie aura trente ans demain, ce n'est pas un événement banal, nous sommes donc en droit d'espérer obtenir une solution favorable de la part de celui-là même qui est le principal responsable de nos malheurs. Alors que de leur côté nos tortionnaires nous préparent leur plus sale coup depuis la création de la Mauritanie.

Vers minuit, le groupe des prisonniers numérotés est placé devant le grand hangar, celui devant lequel j'ai été traîné par le camion. Khattra et d'autres soldats mettent en place des cordes, ils font un nœud avec l'un des bouts et passent l'autre par-dessus le rail qui sert de support à la toiture, à l'entrée du hangar. Les officiers de la base passent, discutent un peu avec Jemal Ould Moïlid puis s'en vont. Ce dernier s'approche du sergent chef Diallo Abdoulaye Demba, le responsable de peloton du port de La Guerra, qui porte le numéro un et lui demande s'il désire quelque chose, comme il l'a vu faire dans les anciens films western. Diallo lui demande du tabac, on lui passe une tabatière, il aspire goulûment la fumée comme pour conserver avec lui un dernier souffle d'énergie. Deux soldats l'encadrent et le traînent vers l'une des cordes. Pendant que Khattra lui passe le nœud de la corde autour du cou, il tourne la tête vers le hangar comme pour solliciter de l'aide, la dernière image de la vie qu'il emportera avec lui sera ces sombres formes allongées ou assises étroitement ficelées et dont les yeux exorbités ne peuvent se détacher de lui. Avec l'aide d'un autre soldat, Khattra le hisse jusqu'à ce que ses pieds ne touchent plus terre. Ensuite il attache le deuxième bout au rail. D'autres prisonniers suivent.

Khattra est particulièrement excité, ils le sont tous d'ailleurs mais lui et Souleymane le sont encore plus. Non seulement ils seront tous pendus mais tout le monde doit regarder jusqu'à la fin, les bourreaux y tiennent. Mais il ne faut surtout pas manifester sa désapprobation. Entre deux pendaisons, Khattra s'assoit sur un cadavre pour siroter son verre de thé ou au pied d'un pendu en récitant des versets de Coran. Il va d'un pendu à l'autre, achevant ceux qui tardent à mourir à coups de barre de fer, s'appliquant à porter les coups dans la région du cou. Pendant ce temps, Souleymane et les autres préparent les prochaines victimes tout en veillant à respecter l'ordre des numéros. Quand arrive le tour du numéro onze, Diallo Sileye Beye ne peut s'empêcher de pousser un cri. Il reçoit un violent coup de pied pour avoir osé perturber le déroulement de la cérémonie. Ses yeux ne se détachent plus de cet homme à qui on est en train de passer la corde au cou. Cet homme qui n'est autre que son petit frère, le matelot Diallo Abdoul Beye, qui cessera d'exister dans moins de trois minutes et que plus jamais il ne reverra. Abdoul Beye ne proteste même pas, il est hissé au bout de la corde sous le regard ahuri de son frère. Il n'y a pas de mots pour exprimer la douleur de Diallo Sileye Beye. Quand arrive le tour de Diallo Oumar Demba et son frère le soldat Diallo Ibrahima Demba, (le hasard a voulu qu'ils soient, tous les deux, sélectionnés pour les pendaisons et que leurs numéros se suivent, il ont toujours tenu à rester ensemble), chacun d'eux, ne voulant pas assister à la mort de l'autre, demande à passer en premier. Un tirage au sort organisé par les bourreaux les départage, Ibrahima Demba, l'aîné, passe le premier. Le soldat de première classe, Ndiaye Samba Oumar, le chauffeur qui conduisait le véhicule le jour de mon arrestation, fait partie du lot. Le deuxième classe

Samba Coulibaly, un soldat de mon escadron, qui porte le numéro 28 ferme cette macabre liste.

Les pendaisons durent plus d'une heure. Après cela, tel des bêtes excitées par l'odeur du sang, le groupe de bourreaux, pris d'une euphorie collective, s'acharne sur les autres prisonniers et tape sur tout ce qui bouge. Conséquences de cette folie collective, cinq morts supplémentaires. Parmi eux, le soldat de première classe Ly Mamadou Ousmane, le seul spécialiste de l'arme antiaérienne de calibre 14,5 mm de toute la région militaire. C'est lui qui assurait les stages de formation sur cette arme-là à tout le personnel, hommes de troupe, sous-officiers comme officiers. Il est né à Médina Fanaye et a grandi dans ma famille dans laquelle il est arrivé à l'âge de dix ans et ne nous a quitté que pour s'engager dans l'armée en décembre 1974. Quand je suis arrivé à La Guerra en 1982, il y était déjà et y restera avec moi jusqu'à son récent détachement à la base régionale pour former du personnel sur la 14,5 mm. Il lui est plusieurs fois arrivé de faire des déplacements à Boulanouar ou à Inal pour y donner des cours ou pour un dépannage. L'adjudant Diop Bocar Bayal, le responsable du magasin fourrier régional, fait aussi parti de ces cinq victimes. Ce sous-officier jovial s'entendait avec tout le monde, tous grades confondus.

La démence a été poussée jusqu'à symboliser la date du trentième anniversaire du pays par 28 pendaisons. Vingt-huit vies humaines sacrifiées sur l'autel de la bêtise humaine. Plus jamais cette date du 28 Novembre n'aura la même signification pour les Mauritaniens. Quand certains sortiront dans les rues des villes ou dans les campagnes brandissant fièrement les couleurs nationales sous les youyous des Mauritaniennes, pour d'autres, ce sera un jour de deuil et de recueillement à la mémoire de ces 28 militaires pendus. Il fut un temps où, tout jeune, avec mes amis maures Seyid Ould Ghaïlani, Mohamed Ould Yaghla, Zeïne Ould Abidine et d'autres, je courrais très tôt à travers les rues de la capital, à l'occasion de cette fête nationale, pour voir défiler cette armée dont j'étais très fier. Jamais plus rien ne sera pareil.

Les corps sont ensuite traînés près d'un camion. Quelques minutes plus tard, ils seront enterrés derrière le terrain de sport: Inal vient de fêter à sa façon le 30e anniversaire de la Mauritanie.

Le 28, dans l'après-midi, la porte s'ouvre sur le caporal Ould Demba qui nous demande à tous de sortir. Que se passe-t-il encore? Est-ce pour une séance de torture collective? Nous sommes dans la cour, le capitaine Sidina a tout simplement décidé de nous faire prendre un bain de soleil. Nous sommes regroupés en face de lui. Du haut de son mètre soixante, il nous montre qu'il est le seul maître à bord et qu'il peut se montrer magnanime. Il nous fait même offrir du thé à la menthe, comme si rien ne s'était passé dans le hangar, la veille.

Il y a autour de lui une bonne représentation de la basse d'Inal, le lieutenant Rava Ould Seyid, le caporal étrangleur, Khattra, le 1er classe Oumar et quelques soldats. Le capitaine nous demande bêtement si nous avons des problèmes, bien sûr que nous en avons, à commencer par notre présence en ces lieux. Mais personne ne pose de questions de cet ordre. Nous demandons le retrait de la chaîne des pied de Sall Oumar, elle est tellement serrée que ses pieds sont complètement enflés, ses mains aussi. Il faut carrément l'aider à manger, il n'y arrive plus tout seul, ses mains ne peuvent plus tenir quoi que ce soit. Le capitaine

Sidina accepte et la chaîne est retirée. Le caporal Ould Demba s'approche de lui et lui fait une croix sur la jambe avec un feutre et lui dit : "De toutes les façons, ça ne sert à rien de la retirer. Pour toi, c'est fini". Je me demande comment il peut plaisanter de ces choses avec un homme aussi malade que Sall Oumar.

Les corvées sont assurées par les prisonniers, il y en a qui sont chargés de construire une mosquée. Pour le moment la mosquée n'est haute que d'un mètre environ. Etre désigné pour les corvées offre la chance de se dégourdir les jambes un peu. Ils sont souvent brutalisés par leurs gardiens mais pouvoir se déplacer sans chaînes aux pieds vaut bien quelques sacrifices.

Je regarde les prisonniers s'affairer autour de la mosquée. J'espère seulement que Dieu n'entendra jamais leurs prières dans cette mosquée construite avec le sang d'innocentes victimes. Plus loin trône l'horrible hangar. Un soldat s'approche de moi et me demande si j'avais eu peur quand il avait démarré le camion le 23, dans l'après-midi. Je lui avoue que oui, il s'éloigne tout fier de sa forfaiture. Je ne l'ai jamais vu auparavant, ce soldat. Nous regagnons notre cellule après le repas du soir. Nous avions aussi soulevé le problème de Sall Amadou Elhadj, à savoir qu'il avait une dysenterie, il lui a été donné un paquet de biscuits sarakolé à lui seul pour son repas. En principe, ces galettes sèches viennent à bout de n'importe quelle diarrhée. Au regard de ce petit changement de comportement de la part même du responsable du camp, nous nous disons peut-être que bientôt nous serons libres. Nous augmentons nos prières ce soir-là. Tour à tour, chacun de nous exprime son vœu le plus cher. De toutes les façons, c'est le même pour tous : sortir de cet endroit le plus vite possible. Amen. Puis on se couche. Comme toujours les insultes ne tardent pas à nous intimer de nous taire, le sous-lieutenant Sow Ibrahima et moi. Quelquefois, l'un de nos compagnons s'en mêle pour nous supplier de nous taire, mais comme ceux-ci nous impressionnent moins, nous répondons qu'on est déjà prisonniers et qu'il ne faut pas essayer de nous mettre en prison dans une prison. Tambadou nous relaye en racontant lui aussi quelques blagues.

Le lieutenant Sall Oumar demande de l'eau en permanence. Nous refusons dans un premier temps à cause de la fin tragique du capitaine Lôme. Le capitaine médecin ne peut rien faire n'ayant aucun médicament et étant lui-même très malade. La demande de Sall Oumar se fait de plus en plus insistante. Nous acceptons finalement de lui en donner, mais alors très peu. Je lui fais boire un tout petit peu. Il repose sa tête et se met à réciter un verset de Coran, "Ayat el Koursiyou". Il ne parvient pas à le réciter jusqu'au bout, mentalement, je le termine pour lui. Sa tête devient plus lourde dans mes mains. Tambadou qui est son voisin lui demande si ça va, il ne répond pas. On le secoue mais apparemment il y a plus rien à faire, il est mort exactement comme le capitaine Lôme. Nous pensons même que l'eau est peut-être empoisonnée. Mais cela ne peut pas être vrai puisque nous buvons tous la même. Le capitaine médecin Kane Hamedine nous explique que c'est un problème physiologique qui peut arriver. Nous appelons le chef de poste. Ils le sortent au cours de la nuit. Nous lui dédions deux prières dont celle qu'il était en train de réciter avant de mourir. Les propos du caporal Ould Demba me reviennent en mémoire et je le déteste encore plus. Je ne le portais déjà pas dans mon cœur, et pour cause, mais là, une haine impuissante remonte en moi.

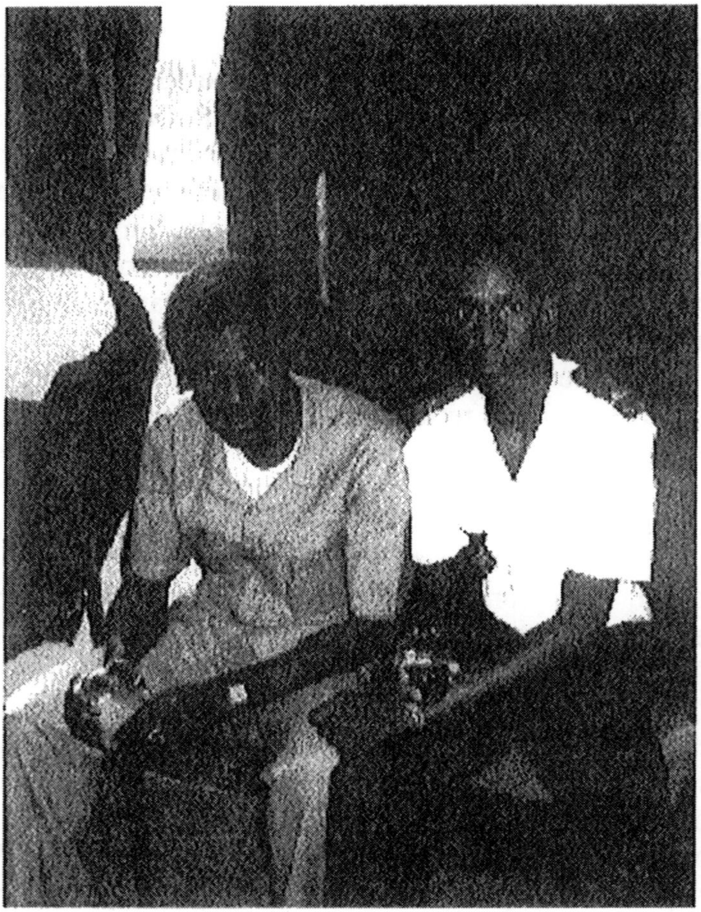

Lieutenants Sall Oumar (à gauche) et Anne Dahirou.

Dans la salle de réunion. La fameuse salle dans laquelle les marins étaient convoqués pour "s'entretenir" avec le directeur de la marine nationale. C'est ici qu'ils ont été ligotés et torturés avant d'être embarqués dans des camions envoyés par le colonel Ould Boïlil pour se retrouver dans les hangars d'Inal.

Une mission de l'état-major

Le 2 ou le 3 décembre, on vient nous retirer nos chaînes aux pieds. L'état de Tambadou devient de plus en plus inquiétant, ses pieds sont tellement enflés que la peau a craqué et que par endroits on voit même l'os du pied droit. Tambadou est d'un courage qu'il ne m'a jamais été donné de voir. Très détendu, il participe à toutes les plaisanteries. Il lui arrive même de faire des exercices physiques malgré son état de santé. Il nous donne là une belle leçon de courage. Je le revois encore aujourd'hui pédalant des ses deux pieds comme pour faire des abdominaux, le visage toujours souriant.

Une heure après qu'on me l'ait retirée, ma chaîne est remise en place. Cette mesure ne concerne que moi, il y a de quoi s'inquiéter. La porte refermée, tous les regards se tournent vers moi, je hausse les épaules pour leur dire que je n'en sais rien. J'envie les autres de pouvoir faire des pas dans la cellule. Nous essayons sans succès de percer le mystère de ma chaîne. Elle alimente toutes sortes d'hypothèses dans la cellule. Finalement je décide de l'ignorer. Et la vie reprend sa monotonie : petit déjeuner, interprétations des rêves, prière, déjeuner, traduction du coran, prière, histoires drôles ponctuées toujours d'insultes, de l'autre côté de la porte.

Le six décembre, nous entendons dans la matinée un bruit d'avion. La particularité de l'événement attire notre attention d'autant plus qu'il nous semble qu'il cherche à se poser. Il effectue plusieurs tours au-dessus de la base. Je ne me rappelle pas avoir vu de terrain d'atterrissage lors de mon précédent séjour à Inal. Mais pour un petit avion, les endroits où se poser ne manquent pas. Le capitaine Sidina monte très vite dans son véhicule garé devant notre porte. Il prend lui-même le volant, nous en déduisons qu'il doit y avoir quelqu'un d'important dans l'avion, autrement, il aurait appelé son chauffeur. Tout événement nouveau est sujet à commentaires dans une prison et celui-là n'échappe pas à la règle. Nous nous mettons d'accord sur une visite du chef d'état-major national ou de son adjoint. Il ne peut s'agir du colonel Ould Boïlil, il n'a pas d'avion pour ses déplacements internes. Donc, il ne peut s'agir que de quelqu'un venant de Nouakchott.

Quelques minutes plus tard, la porte s'ouvre, le lieutenant Yézid Ould Moulaye Ely entre en premier. Il est suivi du capitaine Sidina, du capitaine Ely Vall, chef du B2, bureau de renseignement de l'état-major national et du capitaine Mohmed Ould Meguett, chef des services des transmissions de l'armée nationale, un autre homme fort de l'état-major. Ils ne posent aucune question, se contentant seulement de nous regarder avec mépris. Le capitaine Meguett a été mon chef en 1982 à La Guerra et a toujours joué un rôle dans toutes les répressions au sein de l'armée. Après une brève concertation entre eux, le capitaine Meguett nous dit qu'ils vont emmener avec eux le sous-lieutenant Tambadou Abdoulaye compte tenu de son état de santé pour une évacuation sanitaire. Ce dernier doit se préparer tout de suite. Sitôt la porte refermée, nous nous mettons autour de Tambadou pour lui charger de toutes sortes de commissions pour nos familles. Quand on ouvre la porte, je demande à être détaché pour le soutenir jusqu'à la voiture. Je l'aide à monter à l'intérieur, après avoir ouvert la portière arrière. Les autres sont regroupés dans l'entrée de la cellule et nous regardent. Je lui dis: "si les familles te demandent, dis-leur qu'on est en vie, ne rentre pas dans les détails, cela ne fera que leur créer des soucis et leur attirer des ennuis à la dimension de leur réaction. Donc, il faut à tout prix leur éviter des représailles, courage et bon voyage". Je referme la portière de la voiture et je reviens dans la cellule. Nous nous serrons le plus possible à côté de la porte pour le voir partir à travers les interstices. Je vois le capitaine Sidina enclencher un chargeur dans son arme, une kalachnikov et poser celle-ci à côté du siège du chauffeur. Mon cœur se met à battre plus vite, mais je chasse cette mauvaise idée de ma tête. Tout le groupe d'officiers embarque dans le véhicule. Quelques minutes plus tard, le petit avion survole à nouveau la base et s'éloigne. Où peuvent-ils bien le conduire? Dans quel hôpital peuvent-ils l'amener avec son état? Et comment pourront-ils justifier ses blessures ? Ce n'est pas qu'il manque de médecin compétant dans l'armée mais il n'y a pas d'infrastructures adéquates dans les infirmeries militaires pour traiter un cas pareil. Nous ignorons tous son destin, nous l'envions aussi. Quel chance que de pouvoir quitter cette situation, un mois ou deux de lit dans un hôpital est toujours préférable à cet enfer, pensons-nous. Ce que nous ignorons, c'est que jamais Tambadou Abdoulaye n'arrivera à l'avion. Il sera achevé entre la base et celui-ci, le pilote, le lieutenant colonel Fall Malick, est formel, il n'a pas embarqué à son bord un malade, prisonnier ou non. Par contre, il a bien vu le véhicule s'arrêter à la sortie d'Inal et des gens en descendre... Il n'en dira pas plus officiellement et ne se confiera qu'à de rares amis. Fall n'a pas accepté de quitter son avion, il a préféré rester sur place plutôt que voir les horreurs qui se passent dans le camp. Certains disent que c'est le capitaine Meguett qui a achevé Tambadou avec son PA (pistolet automatique), pour d'autres, ce serait le capitaine Ely Vall. Quant à moi, je penchais plutôt pour le capitaine Sidina, il n'a pas besoin d'arme pour transporter un blessé surtout qu'ils sont à quatre dans le véhicule. Toujours est-il que Tambadou a été achevé entre la base et l'avion. Mais tout ça, nous ne le saurons que beaucoup plus tard. Nous finissons la soirée en parlant de Tambadou et de sa "chance". Aux dernières nouvelles, ce serait Meguett qui l'aurait achevé.

Sous-lieutenant Tambadou Abdoulaye

L'enseigne de vaisseau de deuxième classe Tambadou Abdoulaye (sous-lieutenant) est né à Bababé dans le sud de la Mauritanie. Il s'engage dans la marine en 1969.

De 1976 à 1990, il occupe des fonctions de commandant de bord de l'Imraguen, du Tichitt, du Keur Macen et du Ramedane.

Il est arrêté le 19/11/90 à la base marine de Noudhibou

Retour à la base Wajeha

Le huit décembre, la porte est ouverte après le repas du soir, nous avons mangé plus tôt que d'habitude, des chaînes sont à nouveau mises aux pieds des mes compagnons. Le chef de poste nous demande de prendre nos affaires et de le suivre. Nous sommes scindés en deux groupes de quatre officiers derrière deux camions. Nous sommes obligés de passer entre deux haies de soldats qui nous tabassent au fur et à mesure que nous avançons, chacun d'eux cherche à taper une dernière fois. La lenteur de notre déplacement, à cause de nos chaînes, nous expose longuement à ce dernier passage à tabac à Inal. Il y a là un camion venu de la région et celui derrière lequel j'ai été traîné. Le hasard veut que je me retrouve derrière ce dernier. L'image de mes amis Sall Abdoulaye et Anne Dahirou me revient en mémoire, je jette un regard en direction du terrain de sport qui d'ailleurs ne se trouve qu'à une centaine de mètres devant les camions. J'ai envie de changer de file mais je sais que c'est impossible. Déjà deux soldats me hissent dans le camion. Les sous-officiers et soldats sont assis l'un derrière l'autre. Les bandeaux aux yeux sont remis. Nous nous laissons faire conscients que partout ailleurs on ne pourra qu'être mieux qu'ici. Cela ne pourra jamais être pire. J'ai à côté de mes pieds le soldat Dia Ibrahima, c'était un aide infirmier à la base de La

Guerra. Il a le dos en sang et celui-ci coule de sa chemise. Les gouttes s'écrasent sur mes pieds tout le long du voyage. Il m'est impossible d'éviter ce contact gluant. J'ai mes pieds coincés entre deux soldats et le bord de la caisse du camion. Pour aligner les prisonniers en position assise, leurs cordes aux pieds sont retirées. Par contre, les mains restent attachées. En conséquence ils ne pourront pas rester en équilibre au cours des nombreux virages. Je me dis qu'on devrait être plus nombreux que cela à moins qu'il n'y ait déjà eu un ou deux camions de parti. Sinon, il doit rester encore d'autres prisonniers. Il en reste en effet mais autour du terrain de sport. Un dernier prisonnier nous rejoint, c'est le transmetteur de la base, il a décidé de lui-même de partir avec nous. Il est embarqué sans brutalité dans l'autre camion. S'il a été épargné jusque-là c'est tout simplement parce qu'on avait besoin de ses services. Conscient du danger qu'il courrait à rester seul à Inal, il préfère se joindre aux prisonniers, malgré les promesses de protection du capitaine Sidina. Comment aurait-il pu vivre ici après ce qu'il a vu?

Les camions se mettent en route, j'essaie de deviner notre destination, grâce au premier virage à la sortie de la base, je suis fixé, nous nous dirigeons vers Nouadhibou. Le voyage dure plus longtemps qu'à l'aller. Les prisonniers discutent presque librement, sans recevoir de coups, contrairement à l'allée. Il y en a un dont le bandeau est mal mis, il nous informe sur les différentes étapes du voyage. L'information est transmise de bouche à oreille en marge des discussions. Nous effectuons six arrêts en tout, un à Boulanouar, un au poste de contrôle du PK 55 puis un autre au PK 12, une position militaire qui est chargée de surveiller un bouchon de mines mis en place au cours de la guerre du Sahara, puis un dernier à la base régionale Wajeha et les deux autres sont effectués avant et après Boulanouar, pour je ne sais quelles raisons. Cela devait concerner l'autre camion ou ses passagers.

C'est au cours de ce voyage que le soldat Dia Ibrahima me confirme que tous les militaires négro-mauritaniens de ma base ont été arrêtés le lendemain de mon départ. Il se met à me réciter la liste des morts de mes anciens soldats. A l'entendre, il serait le seul survivant. En fait, ils sont quatre seulement. Tous les autres sont morts. Le soldat de 1ère classe Diallo Djibi avait réussi à s'échapper avant le départ pour Inal. Il était même parvenu à contourner les positions de contrôle militaires des PK12 et 55. Il s'était dirigé vers les positions marocaines, espérant trouver refuge auprès d'eux, mais il a été refoulé par les soldats marocains, déçu et fatigué, il s'est rabattu vers un poste d'agents d'entretien de la voie ferrée de la SNIM (Société Nationale Industrielle et Minière). L'un des agents voyant qu'il s'agit d'un soldat, le dénonce auprès des militaires du PK55 qui viennent le chercher pour le tuer quelques heures plus tard, après l'avoir longuement torturé. Diallo Djibi était le chef de bord de la citerne à eau, le responsable de la distribution d'eau à toutes les familles militaires de La Guerra. Son esprit sportif lui avait toujours valu l'amitié de tout le monde.

Le camion s'immobilise dans la garnison Wajeha et nous descendons. Quelqu'un me guide sur une courte distance. Quand mon bandeau est retiré, je suis dans une pièce toute noire. Mes autres compagnons ne tardent pas à me rejoindre. Comme à Inal, nous nous précipitons à côté de la porte pour nous localiser à travers les interstices, nous ne voyons rien, l'obscurité est totale. Le lendemain matin, le lieutenant Kane Mohamed Mansour nous apprend que nous sommes dans le camp des véhicules blindés et que la pièce dans laquelle nous nous trouvons est celle réservée, habituellement, au sous-officier de permanence. Kane Mohamed Mansour travaillait ici même avant son arrestation. Et connaît donc ce camp dans ses moindres recoins pour en avoir lui-même dirigé la construction.

Contrairement à Inal, les constructions sont faites avec de la pierre qu'on récupère sur place. La pièce mesure deux mètres sur quatre, à huit, nous sommes obligés de nous coucher en sardines pour dormir. On nous apporte un petit déjeuner, pour la première fois, depuis mon arrestation, je vois du pain, nous avons deux baguettes de pains pour nous tous. Nous avons même droit au café au lait, de mauvaise qualité certes, mais tout de même du café. Nous conservons les chaînes aux pieds.

Dans la matinée, nous recevons chacun une couverture, j'ai le choix entre l'étaler ou me couvrir avec. A midi, nous avons la surprise de nous voir servir deux grands plats du riz au poisson et du bon riz, cette fois. Je ne sais pas ce qui a conduit à ce changement de régime mais il y a bien longtemps que nous n'avons pas autant mangé.

L'escadron chargé d'assurer notre surveillance est commandé par le lieutenant Nagi Ould Bilal. Il ne daigne même pas entrer dans les cellules. Lui et moi, nous avons eu à plusieurs reprises à travailler ensemble, d'abord au 1er BCP (bataillon de commandos parachutistes) d'Atar ou je l'ai secondé pendant dix-sept jours avant de prendre moi-même le commandement d'une compagnie dans le même bataillon ; puis dans les différentes formations de la première région militaire à Nouadhibou. C'est un officier sans personnalité, prêt à tout pour faire plaisir à son supérieur. C'est un de ces Haratines qui possèdent encore le profil de l'emploi pour ce genre de mission.

Ce brusque changement de régime alimentaire n'est pas sans effet sur notre organisme malmené et habitué à la diète d'Inal. "**Hay Boné Ina Wowté**" (on s'habitue, même au malheur) disent les Peulhs. Les diarrhées se manifestent aussitôt.

Les prisonniers sont répartis dans trois pièces, la première en contient une quarantaine dont des officiers, le capitaine Sy Abass Alassane qui commandait le sous-groupement opérationnel de Boulanouar (nous avons servi sous ses ordres, le lieutenant Nagi Ould Bilal et moi), le capitaine Diop Ibrahima, officier adjoint logistique au commandant de région, le lieutenant Soumaré Diamiyo, du sous-groupement statique de Boulanouar, le lieutenant Diarra Diadié et le sous-lieutenant Traoré Siguino, ensuite notre pièce puis un dortoir plus grand qui abrite le gros des prisonniers, une soixantaine environ. Les officiers de la première pièce et quelques autres prisonniers ont été arrêtés, torturés et incarcérés ici même, dans cette base. Les appels de contrôle matin et soirs nous permettent de suivre le rythme des décès des prisonniers.

Le colonel Sid' Ahmed Ould Boïlil commandant la région militaire de Nouadhibou, au premier plan. Il est le principal responsable de près de 300 morts et le lieutenant Lobatt Ould Mohamed commandant l'artillerie lourde de la région. Il figure lui aussi sur les listes des tortionnaires. C'est lui, en général, qui escortait les camions en partance pour Inal.

Le lundi 10 décembre, le grand manitou, le colonel Sid'Ahmed Ould Boïlil, nous rend visite ; il nous regarde d'un air dédaigneux. Nous nous levons tous à l'exception du lieutenant Kane Mohamed Mansour qui est très souffrant. "C'est bon, la paix" nous dit-il "vous aviez tout mais vous avez voulu encore mieux, vous avez voulu vous hisser plus haut, vous méritez pire que ce qui vous arrive." Il est accompagné du lieutenant Nagi Ould Bilal qui s'empresse de rire ou d'opiner du chef à sa moindre parole. Il me fait pitié sur le moment. Le colonel sort avec Nagi toujours sur ses talons. La porte reste encore ouverte un moment, nous en avons vraiment besoin. Il faut dire que nous n'avons pas pris de bain depuis notre arrestation. Nous sentons encore plus mauvais que la fameuse pâte de riz d'Inal. A propos de riz, l'alimentation changera le jour même du passage du colonel. Désormais, nos plats ne seront agrémentés que d'une tête de poisson, sans chair, rien que des os pour les repas de midi. Quant à celui du soir, il paraît qu'il est fait à base de viande, on ne la verra jamais cette viande. Deux caporaux se relèvent au service de chef de poste auprès des prisonniers, le caporal Chekroud Ould Bilal et le caporal Mohamed Ould Sidi, ces deux personnages se montrent particulièrement sanguinaires à l'égard des prisonniers. Tous les soirs, quelques prisonniers sont sortis et traînés aux "ateliers". Ceux-ci se résument à un hangar dans lequel il est créé des postes avec des équipes pour la torture.

Ici, à part nous, tous les prisonniers sont attachés deux à deux, une chaîne pour deux. S'il y en a un qui est pris d'envie de se soulager la nuit, l'autre est obligé de se réveiller aussi. Se rendre à la bassine-toilettes placée à l'entrée de chaque cellule relève de l'exploit, dans la mesure où, non seulement il leur faut synchroniser leur déplacement mais aussi enjamber tous les prisonniers sur leur passage.

Le mercredi 11 décembre, on vient chercher le sous-lieutenant Sow Ibrahima qui jusque-là avait été épargné. Il est emmené aux ateliers. Quand il revient deux ou trois heures plus tard, notre imam ne peut pas s'asseoir. Ils ont une nouvelle méthode de torture, ils ne frappent pas n'importe où. Pour ne pas laisser de traces sur tout le corps, ils tapent sur les fesses. Le lieutenant Sall Amadou Elhadj subit le même traitement le lendemain matin. Apparemment, on en veut à nos guides spirituels.

Le mardi 26, j'entends la voix familière du sergent Sow Abdoul Wahab appeler le chef de poste. Il doit être entre 10 et 11 heures. A chaque fois qu'il se manifeste derrière la porte, c'est qu'il y a un cas grave, un décès ou un coma. Sow Abdoul Wahab était infirmier à la base marine, tout comme Diallo Sileye Beye, je les ai formés tous les deux pour la partie militaire en 1979 à l'occasion de leur passage au grade supérieur. Il est toujours là quand un prisonnier se sent mal, toujours prêt à apporter un soutien moral aux nécessiteux. Il n'hésite pas à transporter un prisonnier qui ne peut plus se déplacer de la cellule aux toilettes.

Ce matin, Sow Abdoul Wahab annonce le décès du soldat de 1ère classe Bâ Alassane dit Bâ Thierno. Je suis certes habitué à entendre ce genre de nouvelles mais le cas de Bâ Thierno revêt un caractère particulier. Il s'est engagé dans l'armée au cours de la guerre du Sahara comme beaucoup d'autres parmi nous. Il a été fait prisonnier par le Polisario à Tindouf (en Algérie) où il est enfermé pendant trois ans, jusqu'à la date du retrait de la Mauritanie du conflit du Sahara. Il a combattu pour la Mauritanie et a payé trois ans de sa vie dans les prisons de l'ennemi pour sa patrie et aurait même pu donner plus. Voilà un soldat qui a vécu trois ans entre les mains de ceux sur qui il tirait au nom de sa patrie et qui eux ne l'ont pas tué bien qu'ils en avaient les moyens et toutes les raisons de le faire. C'est aujourd'hui les soldats aux côtés desquels il a toujours combattu au nom de cette Mauritanie commune, ses frères d'armes, qui le tuent dans cette patrie qu'il a si chèrement défendue. "Ses frères", c'est bien ce que dit la devise mauritanienne, Honneur. **Fraternité**. Justice, ou alors je n'ai rien compris. Je ne peux m'empêcher de pleurer en apprenant qu'il s'agissait de lui. Et aujourd'hui encore j'éprouve toujours une très grande tristesse à l'évocation de sa mort. Il était employé dans mon escadron comme infirmier. La veille, il avait été amené aux ateliers et avait été torturé près de la moitié de la nuit. Il ne s'en est jamais remis.

L'adjudant Sy Hamet meurt la semaine suivante. Lui aussi était un vétéran de la guerre du Sahara. Il exerçait la fonction d'adjudant de compagnie au sous-groupement numéro 15. Comme Bâ Alassane, il meurt après un passage aux ateliers, la veille. Il a été pendu par les pieds et fouetté presque à mort.

Nous croisons très souvent les sous-officiers et hommes de troupes mais jamais les officiers de la chambre voisine. Nous apprenons par eux que la Voix de l'Amérique a parlé de nos arrestations et que les noms du capitaine Kane Hamedine et l'officier des douanes Abdoulaye Wane ont même été mentionnés. La radio américaine aurait même précisé qu'il y aurait eu des morts. Cette nouvelle nous redonne un peu d'espoir.

Un sous-officier m'informe que mon frère a été arrêté à Nouakchott. Ce dernier devait expliquer à la police pourquoi il était venu me rendre visite juste avant les arrestations. Je me sens un peu responsable de ce malheur qui a frappé mon frère et me demande s'il a subi les mêmes atrocités que moi. Il est technicien à Air Mauritanie. Etant le seul spécialiste dans son domaine, Dahirou Sy après avoir été torturé au "jaguar", est remis en liberté sur la demande du colonel, commandant le GARIM. Il travaille pour l'aviation civile mais est très souvent sollicité pour intervenir dans le dépannage des avions militaires. Il avait commencé des travaux sur un appareil militaire et a été arrêté avant d'avoir terminé. Voyant que les travaux n'avancent pas, le directeur du GARIM (Groupement Aérien de la République Islamique de Mauritanie) demande ce qui se passe. On lui explique que le technicien ne s'est pas manifesté depuis deux semaines et qu'il n'y a personne d'autre en mesure de continuer le travail. Il mène son enquête et découvre rapidement que Dahirou Sy est arrêté. Le lendemain matin, mon frère est remis en liberté, il est même ramené jusque devant son domicile par un véhicule de la police. Un soldat, certainement dépêché par le directeur du GARIM les accompagne jusqu'à la maison et repart dans la direction opposée comme s'il était là par hasard.

Un prisonnier nous confie avoir assisté à une scène où un soldat égorgeait carrément un prisonnier comme il l'aurait fait pour immoler un mouton le jour de la fête de l' Ide El Kebir appelé communément la fête du mouton. Il dit qu'il pense que cela devrait être dans ce même camp. Cela s'était passé avant qu'on ne l'achemine sur Inal.

J'apprendrai ici la fin tragique de l'adjudant-chef Bass de la marine. L'adjudant Bass avait fait avec moi, dans le même avion, le déplacement pour Nouakchott dans le cadre de l'enquête de 87. Il avait été remis en liberté après quelques jours de détention, il avait repris son poste à Nouadhibou. Il en était donc à sa deuxième arrestation. A Inal, l'adjudant Bass était relié à un autre prisonnier par une chaîne. Souleymane Ould Eleyatt demande à un collègue de détacher le compagnon de Bass pour la corvée de la cuisine. Bass croyant qu'on parlait de lui, demande de quoi il s'agit. Souleymane lui dit de ne plus jamais l'interrompre quand il parle. Bass essaye alors de s'expliquer. Souleymane le traîne vers le hangar où il le pend purement et simplement. Il est mort à Inal le 24 ou le 25 novembre.

Un sous-officier me rapporte également une histoire tout aussi incroyable. Cela se passe toujours à Inal, un prisonnier très fatigué méditait sur son sort. Un soldat tortionnaire l'observe un bon moment et lui dit: "A quoi penses-tu?" "A rien du tout" répond le prisonnier. "Tu mens, dis-moi à quoi tu penses". Le pauvre prisonnier craignant une correction admet qu'effectivement il pensait à un bon repas en famille. "Donc tu penses à manger ce soir avec ta famille." Le soldat tortionnaire va chercher un gradé et lui explique que le prisonnier pense se sauver et rentrer chez lui ce soir. Ce dernier finira au bout d'une corde pour avoir osé rêver. Les Peulhs disent: "Tuez-le parce qu'il a dit telle chose, on peut l'admettre mais tuez-le parce qu'il a rêvé de telle chose, là c'est très fort".

Le capitaine médecin Kane Hamedine dresse une liste de médicaments pour soulager les malades. Son abcès au dos a éclaté et il s'est très vite remis comme par miracle après cela. On apprend aussi que son épouse ne le voyant pas rentrer, serait venue voir le colonel Boïlil pour lui demander des explications, devant l'incohérence des réponses, elle l'aurait copieusement insulté avant de ressortir. Nous commentons, comme d'habitude, cette information et louons le courage de madame Kane.

Le détachement des blindés qui occupait cette base a dû être transféré dans l'un des nombreux camps de la garnison. Ils sont en tout cinq dans la garnison régionale. Celui dans lequel nous sommes concentrés est l'endroit qui se prête le mieux à ce genre d'activité, il est le plus isolé par rapport aux autres. Le colonel Ould Boïlil n'a pas eu du mal à trouver l'homme de la situation, le lieutenant Nagi Ould Bilal et son escadron feront très bien l'affaire. Ils ont donc été détachés pour l'extorsion des aveux et la torture des prisonniers. Dans tous les cas, on y est plus à l'aise qu'à Inal. Cela est peut-être dû au fait que nous soyons à moins de trois kilomètres de la ville. Nous avons l'impression d'être plus près de nos familles. Quand nous sortons pour aller aux toilettes, nous voyons les dernières habitations de la ville. Les toilettes sont construites en hauteur et sont dépourvues de toiture. Quand on se tient debout à l'intérieur, le mur ne dépasse pas la hauteur des épaules, cela oblige celui qui s'y rend à surplomber la plupart des constructions de la base. Il y a aussi du nouveau, nous avons l'autorisation de nous laver et même de faire le linge.

Il arrive ce qui doit arriver souvent dans les camps de concentration suite à une malnutrition, l'apparition du Béribéri, les prisonniers doublent de volume en quelques jours sans soins, et c'est la mort assurée.

Nous supplions le caporal Chekroud Ould Bilal de nous trouver du piment à la cuisine, nous en mettons sur notre riz blanc jusqu'à ce qu'il devienne tout rouge de piment. Comme ça, on ne sent que le piment en mangeant, autrement il nous est impossible de manger. Le caporal Chekroud Ould Bilal a grandi dans un milieu peulh et maîtrise cette langue aussi bien que n'importe quel peulh.

Comme à Inal, on nous a installé un récipient, la moitié d'un fût pour nos besoins, à partir de 17 heures, plus personne ne sort, même pour les toilettes. Les poux et les puces se disputent nos peaux en permanence. Dès que nous terminons nos prières, nous partons en campagne contre ces compagnons indésirables.

Le lieutenant SY Mahamadou à gauche avec un de ses pelotons dans la base Wajeha, le camp du D.B.N. (Détachement des Blindés de Nouadhibou), celui dans lequel nous avons étés incarcérés à notre retour d'Inal, on peut voir les fameuses cellules. Cette photo a été prise lors des préparatifs du défilé du 12/12/86, deuxième anniversaire de la prise du pouvoir du colonel Ould Taya, à la suite d'un ...putsch.

Un jour, on vient chercher le capitaine Kane Hamedine et un autre officier parmi nous. Je ne me souviens plus duquel. Nous nous demandons ce qu'on pouvait leur vouloir, notre inquiétude est grande. Ils reviennent peu après tout souriant, c'est bon signe. Ils ont été appelés pour recevoir leur salaire du mois de novembre qu'ils n'avaient pas eu le temps de percevoir. Pour les autres, il n'y a rien.

Cet argent est une aubaine tant pour nous que pour nos tortionnaires. Ils installent des cantines contenant diverses marchandises. Nous sommes obligés de dépenser cet argent pour améliorer notre ordinaire. Comme nous n'avons pas le choix, nous payons les produits pour le double de leur prix. Nous achetons du lait, des sardines, du sucre, des arachides et des biscuits.

Dans un environnement aussi exigu, l'atmosphère devient très vite irrespirable. Pour combattre l'odeur, nous achetons du citron que nous utilisons pour améliorer le goût de nos repas. Mais également nous nous servons de la peau comme déodorant. Chacun de nous en garde un morceau à portée de nez.

Nous recevons, un jour, la visite d'un photographe de l'armée. Il nous prend en photo avec notre matricule gravé à la craie sur une ardoise. On me propose de me raser la barbe pour la circonstance mais je décline l'offre, pas question de me raser tant que je serai en prison.

Un après-midi, le caporal Chekroud Ould Bilal entre dans notre pièce pour vérifier les chaînes. Quatre soldats en armes attendent devant la porte restée ouverte. Un vent de panique s'empare de nous. Ses gestes sont rapides et précis. Il nous place le cadenas au centre, entre les deux pieds, après avoir raccourci au maximum les chaînes. Le système qu'ils employaient jusque-là n'était pas performant. Ils mettaient le cadenas sur un côté après avoir roulé la chaîne en huit au centre. Ainsi, pendant plus de trois semaines, nous avons pu retirer nos chaînes la nuit tout en veillant à ne pas dormir durant cette période, il ne faut surtout pas qu'on nous surprenne. Maintenant, c'est impossible de les retirer. Une fois l'opération terminée, le caporal Chekroud Ould Bilal continue vers la chambre voisine. Il a dû vraisemblablement découvrir le pot aux roses dans l'une des pièces voisines.

Le lieutenant Nagi Ould Bilal est admis au brevet de capitaine et doit aller suivre un stage à l'école militaire interarmes d'Atar, juste récompense pour les sévices infligés. Il passe le commandement à un autre officier, le lieutenant Ahmed Ould Dey. Ils passent ensemble dans toutes les cellules. Le lendemain soir, le lieutenant Ahmed Ould Dey revient nous voir et nous demande de lui remettre une liste de ce dont nous avons besoin et la somme correspondante, il a dû apprendre que nous faisons des achats par les caporaux. Nous lui remettons la liste et l'argent. Il nous ramène le lendemain le double de ce que nous avons commandé. Nous croyons d'abord qu'il s'est trompé et le lui faisons savoir. Il nous dit ne pas s'être trompé et sort. Nous comprenons alors qu'il y a mis ses propres moyens. Je lui dis merci et il répond qu'il n'y a pas de quoi le remercier et qu'il aurait bien pu être à notre place. Le lieutenant Ahmed Ould Dey est un Maure noir, un Haratine, originaire du sud de la Mauritanie. Il a très bien compris qu'aucune charge ne pèse sur nous et sait parfaitement que notre détention entre dans une politique d'épuration ethnique du régime en place et surtout, il est conscient que nous ne constituons qu'une étape dans cette volonté d'extermination. Sans rien nous promettre, nous savons qu'il fera de son mieux pour améliorer nos conditions de vie.

En effet, la vie s'est améliorée dans le camp, on peut prendre des bains de soleil et même faire du sport de temps en temps. Il veille à ce que tout se passe très bien. Il lui arrive aussi de rester plus tard le soir pour voir comment se passe la distribution du repas. Il contrôle la bonne répartition de la viande. Aussi dès qu'on voit des morceaux de viande sur les plats du soir, nous savons qu'il n'est pas encore parti, avant cela, il fallait sentir plusieurs fois le repas pour deviner s'il était fait avec du poisson ou de la viande.

Les caporaux Chekroud Ould Bilal et Mohamed Ould Sidi continuent à sortir des prisonniers pour les amener dans les ateliers de torture, un soldat, Ould Moutakhambar se montre particulièrement zélé dans ce domaine. Le lieutenant Ahmed Ould Dey s'en rend compte dès le troisième jour à l'état lamentable d'une victime. Il y met très vite un terme. Désormais les rares tortures se font en cachette.

Un matin, nous voyons quelques prisonniers, bagages sous le bras, quitter l'appartement ouest pour rejoindre le grand dortoir. Nous les regardons sans comprendre ce qui se passe. Peu après, le caporal Mohamed Ould Sidi nous retire nos chaînes, nous demande de prendre nos affaires et de le suivre. Deux soldats attendent à l'extérieur de la cellule. Nous déménageons pour la cellule contiguë. Seuls les sous-officiers et les hommes de troupes sont partis, les officiers sont sur place. La pièce est beaucoup plus vaste que le cagibi que nous occupions. Elle fait au moins quatre mètres sur six. Nous nous installons, et les chaînes sont remises aussitôt. Mon attention est attirée par des traces de sang sur les murs plus particulièrement celui du sud. Cela ressemble à un jet qui aurait résulté de l'ouverture d'une grosse artère. Il y a également des mares de sang séché. J'étale ma couverture dessus, il n'y a que ça ou rester en face de la porte et cette perspective ne m'enchante pas beaucoup. Je repense aux paroles du prisonnier qui prétendait avoir assisté à la scène où on tranchait la gorge d'un soldat. N'avait-il pas dit qu'il pensait qu'il s'agissait de ce camp? De la part de nos bourreaux, plus rien ne m'étonne. J'apprendrai plus tard que cette pièce a servi d'atelier de torture avant d'être transformée en dortoir. Le nombre des morts, depuis notre retour à la base Wajeha, fait que nous pouvons tenir largement dans deux pièces.

Les retrouvailles, entre officiers, donnent lieu à un échange de nouvelles et de confidences. Ils ont tous un parcours presque identique, arrestation, tortures, aveux extorqués. Certains d'entre eux m'avoueront qu'on les avait obligés à me charger dans leur "déposition". Le capitaine Diop Ibrahima me dit qu'un prisonnier a été exécuté devant lui pour l'obliger à apposer sa signature sur un papier déjà rempli. Il ne connaît pas le prisonnier, n'étant lui-même muté à la région que très récemment. Un soldat s'est approché du prisonnier et lui a enfoncé une baïonnette dans le cœur. Quand ce dernier a cessé de bouger, on lui a présenté la feuille qu'il était obligé de signer. Il a été torturé avant cela mais n'avait pas voulu signer leur papier. "Seydi Diop" (intraduisible en français mais rassurez-vous ce n'est pas un gros mot). Dans ses "aveux", il est question d'un entretien entre lui et moi, entretien au cours duquel je lui aurait parlé des FLAM(Forces de Libération Africaines, de Mauritanie). Je n'ai jusque-là jamais rencontré quelqu'un qui se réclame de ce mouvement. J'en ai entendu parlé comme tout le monde par les médias. Et tout d'un coup me voilà sacré porte flambeau d'une organisation dont je ne connais pas un seul membre. D'autres parmi les officiers ont été, eux aussi, contraints de me citer dans leurs "aveux". Apparemment quelqu'un cherche à me charger le plus possible. C'est beaucoup plus tard que je saurai que le colonel Ould Boïlil a donné des instructions à tous les "enquêteurs" de Nouadhibou de définir les rapports qui me lient à tous les prévenus, gendarmes, gardes, policiers ou civils sans parler des militaires. Cela a suffi pour orienter les "enquêteurs" qui ne savent même pas quoi chercher, le ton est donné.

Ma surprise est grande quand le lieutenant Traoré Siguino allume une bougie. Nous n'avons jamais eu de lumière depuis notre arrestation. Il me dit sur un ton moqueur : "c'est normal, vous êtes les méchants, les mauvais et nous les bons". Nous discutons beaucoup plus tard ce soir-là. Nous réorganisons nos prières en fonction de notre nombre. La chasse aux poux nous occupe la plupart du temps.

Le vingt-huit avril, le lieutenant Ahmed ould Dey, après nous avoir rapporté les denrées que nous avions commandées, nous informe que les forces alliées ont attaqué l'Irak et que l'aviation irakienne n'a même pas eu la possibilité de décoller. Cette nouvelle nous comble de joie, nous sommes convaincus que notre sort va connaître sinon un aboutissement immédiat du moins une nette amélioration. Nous savons depuis longtemps que le pouvoir irakien exerce une influence sur le régime mauritanien. Tout l'appareil de l'Etat est infiltré par les baasistes. Nos geôliers se réunissent par petits groupes avec des transistors collés aux oreilles, l'anxiété se lit sur leurs visages, comme si le ciel leur était tombé sur la tête. C'est d'ailleurs un peu cela, ce n'est pas l'Irak qui est attaqué par les Américains, mais eux. Ils sont indignés que des Occidentaux tirent sur des Irakiens à des milliers de kilomètres, alors qu'ils trouvent normal de torturer à mort des Mauritaniens comme eux, c'est ce que j'appellerais s'asseoir sur le cadavre d'un frère pour en pleurer un autre. Je suis presque sûr que n'eut été la présence du lieutenant Ahmed Ould Dey, ils auraient pensé à nous faire payer cette attaque, vu qu'à leurs yeux nous représentons le "Yehoud" (le Juif), symbole de l'Occident, l'ennemi de l'Islam. Ils sont tous préoccupés par la situation au golfe, ils attendent avec impatience la réaction du "lion" irakien. Dans leur logique, Saddam Hussein devrait facilement débarrasser le monde d'un George Bush décidément trop prétentieux, en langue maure Bush signifie bouteille, donc cela ne doit pas résister longtemps au courage légendaire du "lion" irakien. Mais le lion n'était en fait qu'un tigre en papier. Du coup, nous passons au second plan dans la hiérarchie de leurs préoccupations du moment. Tant mieux pour nous.

Pour nous faire bénéficier de l'information, le lieutenant Ahmed Ould Dey met le volume de son poste radio à fond et se met au milieu de la cour. Nous suivons donc l'évolution de la situation avec beaucoup de plaisir, contrairement à nos geôliers. "Que Dieu donne à mon ennemi plus fort que lui" disent encore les Peulhs.

J'espère seulement que cet hommage rendu à ce courageux officier ne lui portera pas préjudice. Mais à l'heure où tous les tortionnaires du monde entier sont mis à l'index, il me semble important de citer ceux qui ont pu aider ces pauvres victimes de la folie humaine que nous étions: il faut séparer le bon grain de l'ivraie. Ils appartiennent au rang de ceux qui, d'un simple geste, ont sauvé des vies et qui ont acquis en d'autres temps et sous d'autres cieux le statut de justes. Le lieutenant Ahmed Ould Dey est de cette pâte-là. Merci Ahmed.

Nous évoquons des noms de militaires maures ou haratines qui auraient agi comme lui. Je parle du soldat de première classe Mahmoud Ould Bilal qui fut mon ordonnance à La Guerra et dont la maturité dans ce domaine m'a toujours surpris. Il commettait certes beaucoup de petites fautes, retards et même quelques fois des absences. Je sanctionnais chacune de ses fautes. Mais dès qu'il sortait de la prison, il revenait à la maison. Quelques officiers maures blancs dont le commandant de base de l'époque, le lieutenant Cheikh Ould Chrouf, qui se taillera une solide réputation dans le cadre des déportations dans le sud du pays en 1989, lui disaient: "on t'avait demandé de travailler avec nous, mais tu as préféré ce Kowri (ce négro-mauritanien), regarde ce que tu gagnes aujourd'hui, tu es tout le temps au gnouf. C'est bien fait pour toi". Mahmoud leur répondait invariablement : "cela ne vous regarde pas, je suis son ordonnance et le resterai. Dès que je sortirai du gnouf, je retournerai chez lui. Le lieutenant Sy ne me prend pas pour un esclave, lui, comme cela aurait été le cas avec l'un de vous. Chez lui je suis considéré comme un membre de la famille. S'il me sanctionne, c'est parce que j'ai commis une faute et n'importe qui d'entre vous aurait fait de même. En plus chez lui, nous mangeons tous ensemble. Tandis que chez vous, je me serais contenté de vos restes".

Quand je suis parti en stage d'application à Atar, le colonel Ould Boïlil a tout fait pour le récupérer comme ordonnance. Il est même détaché dans une autre formation à la base de commandement régionale. Dès mon retour de stage, il laisse entendre à son chef qu'il désire rejoindre sa formation, La Guerra. Ayant toujours refusé de travailler pour le colonel Boïlil, il est muté hors de la région. Avant de partir, il vient me voir pour me dire qu'Ould Boïlil pouvait le muter où bon lui semblait mais que lui, Ould Bilal, ne travaillerait jamais avec un Haratine qui se comporte encore en esclave, fut-il un colonel et membre du C.S.M.N. (Comité Militaire de Salut National), instance dirigeante de l'époque. Nous convenons que c'est très courageux comme attitude de la part d'un soldat. Les autres aussi parlent de cas presque similaires. Les noms du capitaine Mohamed Lémine Ould Meïne et du lieutenant Mohamed Lémine Ould Messoud furent évoqués dans ce domaine pour leur intégrité.

Nous avons de meilleures conditions de vie, bain et linge sont autorisés, à chaque fois que nous en exprimons l'envie. Nous profitons de ces jours de linge pour étaler nos vêtements sur le sable chaud afin de tuer plus vite les poux. Une fois, je dis à Taoré qui franchissait la porte: "regarde, ils te rapportent ton pantalon, tes poux". Il se retourne instantanément et nous éclatons tous de rire.

Quatre mois se sont écoulés, nous sommes en fin février, notre pièce est restée ouverte toute la journée alors qu'habituellement elle ne l'est qu'une heure ou deux. Le lieutenant Ahmed Ould Dey nous informe qu'une délégation venue de Nouakchott est à la région et qu'elle est là pour nous auditionner. Nos chaînes sont même retirées. La délégation est dirigée par le commandant Ndiaga Dieng, un officier de la gendarmerie. Ndiaga est un nègro-mauritanien de la communauté wolof. Sa désignation à la tête d'une pareille commission d'enquête cautionne les éventuelles décisions qui pourront être prises par les autorités de Nouakchott. Une bonne partie sera entendue ce jour-là. Nous sommes interrogés sur la base des "aveux". Il sera pratiquement impossible de sortir de ce cadre. Et nos tortionnaires attendront devant la porte tout le temps que dureront les auditions. J'apprends que beaucoup de gens ont parlé de moi. Après avoir entendu mon récit, Ndiaga me cite une liste de noms et me demande si je les connaissais. Selon lui, il s'agit de gendarmes, de douaniers, de policiers et de civils.

- Je n'en connais qu'un seul, un colonel des douanes, Wane Abdoulye qui est un ami.

- Pourtant ils déclarent tous te connaître.

Il insiste sur le nom d'un gendarme dont je ne me souviens plus du nom avec qui j'aurais parlé des FLAM, encore et toujours cette organisation.

- Je ne réponds pas des déclarations des autres, de tous ceux que vous m'avez cités je n'en connais qu'un, celui que je vous ai dit. Et je peux vous affirmer que les FLAM n'alimentent pas nos conversations.

- Peut-on savoir de quoi vous parlez quand vous vous retrouvez?

- Nous discutons de tout et de rien, nous parlons du pays et de ses problèmes comme tout le monde, des sujets que je débats aussi bien avec mes collègues officiers tant négro-mauritaniens que maures.

- De quel genre de problèmes parlez-vous?

- De la situation dans la vallée du fleuve, des difficultés que rencontrent les Peulhs, Soninkés ou Wolofs de cette région du pays, sans plus.

- Donc tu maintiens que tu n'as pas discuté des FLAM avec aucune de ces personnes et ne pas connaître les autres alors qu'eux affirment le contraire?

- Mon commandant, moi je vous connais mais je suis sûr qu'avant ce jour vous ignoriez jusqu'à l'existence même de mon nom. Cela fait huit ans que je travaille dans cette région. J'ai participé à tous les défilés qui ont marqué les différentes fêtes. Forcément, il doit y avoir des gens qui finissent par me connaître.

Le surlendemain, le capitaine Kane Hamedine, le capitaine Sy Abass, le capitaine Diop Ibrahima, le lieutenant Soumré Diamiyo et le lieutenant Diarra Diadié sont convoqués dans le bureau du lieutenant Ahmed Ould Dey. Ils reviennent tout souriants et prennent leurs affaires. Diop Ibrahima nous dit qu'ils sont attendus par le colonel Ould Boïlil, et qu'ils sont libres. Cette mesure ne manque pas de nous inquiéter. Pourquoi pas tout le monde puisque nous sommes tous innocents?

Le 5 mars, dans l'après-midi, nous recevons l'ordre de préparer nos bagages. Enfin nous allons être libérés pensé-je, nous faisons rapidement nos baluchons. Les deux camions qui s'arrêtent devant les cellules jettent un peu de froid sur notre enthousiasme. Puis on se dit qu'après tout pourquoi pas? Si on doit tous être libérés les camions constituent le moyen de transport le plus pratique. Par contre, ce qui ne colle pas, ce sont ces chaînes qu'ils ne semblent pas pressés d'enlever. Elles ne se justifient plus normalement, et j'imagine déjà la joie de ma famille quand je débarquerai tout à l'heure. Tous nos espoirs s'envolent quand on voit les geôliers devant les camions avec des bandeaux à la main. Nous embarquons dans un seul camion. L'autre sera réservé à un groupe qui sera remis en liberté dès que nous serons partis, une quinzaine de personnes en tout. Ce groupe se compose uniquement de sous-officiers et d'hommes de troupes.

Nous faisons le trajet qui sépare la base de l'aéroport de Nouadhibou à la faveur de l'obscurité. Nous avons été placés les uns derrière les autres en position assise.

Jreïda

Un avion transport militaire à bord duquel nous sommes à nouveau attachés, nous dépose à Nouakchott, sur le tarmac de l'armée de l'air. Un camion semi-remorque nous attend. Nous sommes hissés à bord et il se met en route presque aussitôt. Après avoir roulé une quinzaine de minutes, je le sens tourner à droite et emprunter une piste cahoteuse. Il n'y a pas de doute, nous sommes sur la piste de Jreïda, une base militaire située à une trentaine de kilomètres au nord-ouest de Nouakchott.

Le camion s'immobilise, la portière arrière s'ouvre et des mains nous aident à descendre. Il fait frais dehors, j'entends le bruit des vagues. La mer n'est qu'à un kilomètre de la base. Une personne fait l'appel pour contrôler la présence de tous et effectuer en même temps un tri. Nous sommes alignés sur le sable et répartis en deux groupes. Je demande à aller me soulager. Quelqu'un me retire la chaîne des pieds et me guide sur une trentaine de mètres avant de me dire: "la famille va très bien". Je réponds que je n'en sais rien, je n'ai pas de nouvelles. "Selly et les enfants vont très bien", reprend-il. Qui est cette personne qui connaît jusqu'au prénom d'usage de mon épouse? "Tu ne me reconnais pas? C'est Mahmoud, Mahmoud Ould Bilal" me dit-il. Après la joie des retrouvailles, il m'informe que ma famille est à Nouakchott depuis le mois de janvier parce qu'elle-même ne se sentait plus en sécurité à Nouadhibou. Mon épouse y avait reçu des intimidations et des menaces à peines voilées. Elle a alors préféré venir, avec les enfants, à la capitale où vit sa famille. Mahmoud les a vues, hier seulement, de même que la famille de mon ami et promotionnaire, le lieutenant Soumaré. Il m'apprend également que ce dernier est à Jreïda. Il s'informe sur mon état de santé et me demande si le lieutenant Saré Yahya est resté à Nouadhibou. L'épouse de ce dernier est également à Nouakchott. Le lieutenant Saré aurait été évacué de Zouerat pour Nouadhibou. Je comprends qu'on lui avait raconté des conneries. Je lui dis si ceux de Zouerat sont ici, c'est que Saré est certainement décédé. Il ne reste plus de prisonniers à Nouadhibou. Le lieutenant Saré est un ami et promotionnaire qui venait très souvent à la maison, c'est là que Mahmoud l'a connu, il commandait la batterie antiaérienne, basée à l'aéroport de Nouadhibou avant d'être muté à Zouerat. Il fut arrêté en fin novembre et mourut électrocuté une semaine plus tard.

Tous les détenus sont regroupés à Jreïda. Cela suppose qu'on se dirige vers la conclusion de cette histoire. Nous sommes, comme je l'ai dit plus haut, séparés en deux groupes:

- Le groupe des indésirables: comprenant le gros de notre effectif global.
- Le groupe des dirigeants: ceux-là doivent être traduits en justice. J'appartiens à celui-ci.

Six personnes seulement parmi nous restent à Jreïda, le lieutenant Kane Mohamed Mansour, le lieutenant Dia Youssouf Elimane, le lieutenant Sall Amadou Elhadj et moi plus le sergent Diallo Sileye Beye et le matelot Djigo, les autres se rajoutent à l'effectif d'autres indésirables déjà sélectionnés.

Diallo Sileye et le matelot Djigo rejoignent un autre groupe de militaires près de notre nouvelle cellule.

Mahmoud nous conduit dans une cellule, nous retire nos bandeaux, nous détache les mains et jettent le tout dans un coin de la cellule. Dès qu'il tourne le dos, Mohamed Mansour Kane et moi, nous cachons les cordes et les bandeaux sous nos manteaux qui nous servent d' oreillers.

Pour la première fois depuis mon arrestation, je peux dormir sans chaîne. Je lève les pieds et me mets à pédaler comme un enfant et à marcher dans la cellule pour profiter de cette joie retrouvée qu'est la liberté de faire des mouvements libres avec les pieds.

Mahmoud travaille au mess des officiers comme cuisinier, il revient avec un plat de soupe. Il dit qu'il l'avait mis de côté parce qu'il avait appris notre arrivée et savait que je fais partie de ceux qui resteraient à Jreïda. Je le présente à mes compagnons. Il me demande de faire une note qu'il remettra à ma famille pour leur dire que je vais bien. "Tu sais très bien que Selly ne me croira pas si elle ne voit pas ton écriture". Le lendemain, il passe récupérer la note et nous apporte avec lui un plat du mess des officiers. Il en sera ainsi tous les jours, matin et soir. Je ne m'attendais pas à le retrouver et encore moins dans ces conditions. Je lui demande comment je peux avoir des nouvelles de Soumaré et des autres. Il me dit qu'ils ont déjà embarqué dans des camions et qu'ils vont partir pour Nbeïka, à l'intérieur du pays. Il a aussi parlé de ma présence à Soumaré.

Les prisonniers restés à Jreïda sont répartis entre quatre cellules. La première abrite des sous-officiers et hommes de troupes. La deuxième, des officiers, le capitaine Sy Ousmane, le lieutenant Bal Demba, le lieutenant Dia Cheikh Tidjane, le lieutenant Diallo Béchir Belal et le lieutenant Bâ de la gendarmerie. La troisième, la plus grande, une quarantaine de prisonniers civils et la quatrième, la notre.

La base est commandée par le capitaine Moctar Ould Mahmoud, il est différent de celui d'Inal, plus proche de la communauté négro-mauritanienne, il apporte un soutien discret à quelques-uns des prisonniers lors des interrogatoires. Etre discret, il le fallait sinon on pouvait se retrouver de l'autre côté de la barrière ou, au mieux, se voir démis de ses fonctions avant de se retrouver dans les coins les plus reculés du pays. Il est secondé par le lieutenant Daha Ould Cheikhna dont le tempérament s'accommode parfaitement avec ce genre de tâche. Il a d'ailleurs été cité à plusieurs reprises par des prisonniers pour avoir participé aux tortures.

J'apprends que Mahmoud a pris part aux tortures. Je ne peux m'empêcher de lui poser la question, il nie évidemment et restera toujours sur cette négation.

L'histoire de tous les prisonniers est presque identique à la notre : arrestations sous prétexte de convocation, tortures et aveux arrachés. Parmi les plus zélés des tortionnaires de Jreïda, deux noms reviennent plus que d'autres, le lieutenant Ely Ould Dah et le lieutenant Samory Ould Youmbaba. Dia Cheikh Tidjane et Bal Demba nous parlent des méthodes de Samory et d'Ely Ould Dah: "Ils font attacher les prisonniers aux différents obstacles de la piste du combattant de la base de Jreïda, les font fouetter, n'hésitant pas eux-mêmes à mettre la main à la pâte. Puis, ils demandent aux suppliciés de recopier des aveux qu'ils leur dictent. Beaucoup de prisonniers sont morts sous la torture ou sont enterrés vivants sous le regard indifférent de ces deux officiers. Le lieutenant Bal Demba a souffert plus que les autres, on lui aurait même éclaté un tympan. Quand il est revenu des ateliers de torture, il était entièrement couvert de sang, les autres prisonniers avaient d'abord cru qu'il était mort.

Les conditions d'hygiène sont meilleures à Jreïda. Nous pouvons nous laver et faire en même temps notre linge quand on veut et aussi nous promener, sous surveillance bien sûr, de temps à autre dans la base. Nos poux diminuent progressivement. En plus, Mahmoud me ramène, à chaque fois qu'il va en ville, un colis de la maison et quelques fois de l'argent envoyé par mon épouse, sans parler des plats qu'il nous apporte régulièrement du mess des officiers. Désormais les officiers de la cellule voisine viennent manger tous les jours avec nous. Nous avons des jeux de cartes et passons les après-midi à faire de parties de belote.

Comme à Nouadhibou, le commandant Ndiaga Dieng est déjà passé à Jreïda, la même mise en scène a été faite ici aussi. Il y a eu aussi des "blanchis". Ils sont repartis reprendre leurs fonctions. Comment pourront-ils oublier les humiliations vécues? Comment pourront-ils travailler sereinement avec des officiers ou des subordonnés qui, tour à tour, furent leurs frères, amis, geôliers et tortionnaires? Et enfin, comment pourront-ils combattre côte à côte, ne sachant pas si la balle va venir de derrière ou de devant? Le jalon de la haine est désormais posé par celui-là même qui a en charge de garantir l'unité nationale.

Un jour, nous recevons la visite du procureur de la République. Nous avons tous pris un bain, ça doit être délicat le nez d'un procureur de la République.

Personnellement, j'ai refusé de me raser bien qu'on me l'ait proposé, je dirai même qu'on a voulu un peu m'y obliger. Je tiens à ma barbe, c'est ma façon à moi de leur manifester mon insoumission. Devant le procureur, j'apprends, non sans surprise, que je suis impliqué dans une tentative de renversement du régime au pouvoir. Ce serait donc ça la dernière trouvaille du petit moustachu? L'éternel complot, quelqu'un a déjà usé de cette corde.

Le procureur me dit que le but de sa visite est d'établir un premier contact afin de nous proposer des avocats chargés de la défense de nos dossiers. Une liste de noms m'est présentée. Je n'en connais aucun mais je choisis un certain maître Bal. Je repars en cellule avec un chef d'accusation en plus dans le dossier.

La fonction de Mahmoud Ould Bilal au mess des officiers l'amène à être au courant de pas mal d'informations sur la situation des prisonniers. Aussi nous apprend-t-il un jour la libération de tous les sous-officiers et hommes de troupes qui étaient à Nbeïka et les officiers ne vont pas tarder à l'être aussi, nous dit-il.

Nous commentons les deux événements. Certains d'entre nous attendent des peines légères allant de deux mois à un an, des sursis et plein d'acquittements. Le capitaine Moctar nous laisse entendre qu'il n'y aura pas de condamnation lourde. Quant à moi, je reste très septique. Quelques-uns de mes compagnons me reprochent avec beaucoup de virulence mon pessimisme. Je m'en tiens tout simplement à un raisonnement logique. Nous avons tous été arrêtés sans savoir pourquoi avant aujourd'hui. Nous avons jusque-là bâti nos réponses en fonction des accusations toujours nébuleuses pour nous. Un groupe a été blanchi et réintégré dans les rangs, il n'est pas plus innocent que le nôtre. Du groupe qui était parti à Nbeïka, la majorité a été relâchée, il n'en reste plus que les officiers qui, selon la rumeur, vont bientôt être libérés eux aussi. Si nous devons passer devant la cour spéciale de justice, c'est que le moustachu a décidé de faire de nous les dirigeants de ce "putsch". S'il y a eu tous ces morts pour aboutir à un procès, les supposés principaux responsables ne doivent-ils pas écoper de peines plus sévères? Non, on ne peut pas s'en tirer tous avec des peines légères avec sursis. L'Etat ne nous a-t-il pas trouvé le motif le plus lourd à ses yeux, nous les "responsables", relâchés, comment pourront-ils justifier la mort de plus de cinq cents innocents tués dans les camps militaires? Je ne peux pas croire à une remise en liberté pour tout le monde après un tribunal. Mais je garde pour moi mon raisonnement.

Certains prisonniers civils n'ont même pas été interrogés. Ils ont simplement été arrêtés, torturés et conduits ici. Bien sûr ils ont signé les papiers qui leur ont été présentés, sans plus. C'est seulement maintenant qu'ils se demandent ce que pouvaient bien contenir ces feuilles. Ils ne savent ni lire ni écrire. Mais cela n'a aucune espèce d'importance, les policiers et les gardes se chargent de combler cette lacune. Quand je demande au vieux Dem, un septuagénaire tout édenté, pourquoi il a été arrêté, il me répond qu'on l'a ramassé au marché de la capitale où il vendait des cure-dents, conduit au commissariat et torturé puis fait signer des papiers avant d'être déposé à Jreïda. On lui aurait dit qu'il est impliqué dans une histoire de coup d'Etat. Cela le fait encore rire: "moi faire un coup d'Etat! Je n'ai plus qu'une seule dent et ne peux même plus faire peur à un morceau de pain". Parmi les concepteurs du "complot" on retrouve des tailleurs, des maçons et des pêcheurs. Un de ces derniers ne doit son arrestation qu'au fait que l'odeur du poisson que vend son épouse dérange un boutiquier maure. Une altercation ayant opposé le pêcheur au commerçant, ce dernier lui promet que cette histoire sera réglée le jour même. En effet, il est embarqué dans l'après-midi par la police pour se retrouver ensuite à Jreïda. Du statut de pêcheur, il passe à celui de comploteur contre la sûreté de l'Etat. Il faut admettre que ça aussi, c'est très fort.

Un matin, une rumeur étrange court dans le camp, nos voisins, les civils nous apprennent qu'ils ont écouté un communiqué sur RFI mentionnant la situation détaillée à Jreïda. Un sous-officier, l'adjudant Cheikh Fall qui travaillait à Jreïda a dévoilé tout sur les antennes de Radio France Internationale. Après avoir assisté aux arrestations et vu les traitements réservés aux prisonniers, Cheikh Fall est envoyé en France pour suivre un stage. Quand il arrive à Paris, il est tellement choqué par la situation qu'il a laissée derrière lui qu'il décide de dénoncer le racisme d'Etat, la barbarie et les horreurs érigées en règle dans son pays. Sa déclaration est relayée par plusieurs radios. A Nouakchott, c'est la panique générale, on crie au scandale. "Comment ce traître a-t-il pu faire une chose pareille?" Même les soldats se sentent perdus, ils forment de petits groupes autour de postes transistors, comme lors de la guerre du Golfe. Ils sont indignés que Cheikh Fall ait pu divulguer un "secret militaire", jamais ils n'ont pensé qu'il pouvait y avoir des fuites. Ce jour-là, on ne parle que de Cheikh Fall, nous demandons à aller prendre un bain et laver nos vêtements, juste pour glaner des informations. Seuls deux prisonniers civils ont pu écouter un petit passage de la déclaration de Cheikh fall. Nous n'arrivons pas à savoir ce qui a été dit avec exactitude.

Cheikh Fall est un Haratine qui, comme le lieutenant Ahmed Ould Dey, n'a pas pu supporter l'injustice et a réagi à la première occasion. Déjà avant son départ en France, il faisait même la commission de certaines personnes auprès de leurs familles, il lui est même arrivé de leur rapporter des colis de leurs épouses. Il a toujours su trouver les paroles qu'il fallait pour rassurer ces dernières. La veille de son départ en France, il dit aux familles des prisonniers qu'il s'en va mais que bientôt cela va se terminer. Il laisse derrière lui un grand vide dans le cœur des prisonniers et leurs familles. Quand nous sommes arrivés à Jreïda, il était déjà parti. Puis Mahmoud a pris le relais avec les familles de mes amis d'abord avant d'élargir à d'autres prisonniers dont il pouvait compter sur la discrétion.

A la veille du jour retenu pour notre jugement, personne d'entre nous n'a encore pris contact avec son avocat. Je profite du passage du capitaine Moctar Ould Mahmoud pour lui poser la question : "comment se fait-il que demain seulement, nous devons être jugés et qu'aucun de nous n'a vu son avocat pour préparer sa défense? Il me répond que nous les verrons demain au tribunal, à huit heures. Personnellement, je dois passer devant le juge à huit heures trente. Je me tais, plus que jamais convaincu que le verdict ne pourra qu'être lourd. Cela ne présage rien de bon, je suis persuadé que beaucoup d'entre nous seront condamnés à des peines capitales. Qui va être exécuté? Je ne me fais pas d'illusions, la volonté du colonel Ould Boïlil de me charger ne me laisse de choix que d'envisager le pire.

Après le repas de midi, pour les non-jeûneurs, nous retournons à notre dernière partie de cartes. A seize heures, nous commençons à faire nos bagages que nous sortons et rangeons devant nos cellules respectives. Nous attendons l'arrivée des camions chargés de nous acheminer sur Ouadnaga, une localité située à quelques kilomètres à l'est de Nouakchott. C'est là que doit avoir lieu le procès et nous devons dormir sur place afin d'être prêt le matin. Un camion est déjà parti avec les marmites et les denrées pour la préparation du repas du soir. Je jette un regard sur tout ce monde et me repose pour la énième fois la question fatidique, à savoir qui va revenir à Jreïda. Car toutes les exécutions se sont toujours faites ici. Sur certains visages, je vois l'impatience voire même la joie ; sur d'autres, c'est plutôt l'acceptation du destin, la résignation. Nous sommes assis chacun sur son baluchon. Non loin de là, des soldats sont groupés, ils ont un tas de cordes devant eux et des bandeaux. Je cherche Mahmoud Ould Bilal mais ne le vois nulle part, soit il est au mess ou bien il est peut-être déjà parti avec le camion du repas.

Nous apercevons, au loin, un nuage de poussière qui se rapproche en direction de la base. Ce n'est pas un camion mais un petit véhicule avec une antenne radio de transmission. Le chauffeur doit être vraiment pressé, il ne ralentit même pas à l'entrée de la base. Peu après, le capitaine Moctar nous dit de réintégrer nos cellules et que le jugement est reporté à une date ultérieure. Pour le moment, il n'en sait pas plus.

Nous sommes en plein mois de Ramadan, on se dit qu'ils ont peut-être reporté à cause de ça. Je ne suis pas mécontent de ce sursis parce que je suis toujours convaincu de la fatalité de l'issue du jugement. La vie reprend son cours.

La libération des sous-officiers et hommes de troupes plus la déclaration de Cheikh Fall entraînent des réactions au niveau national et international. A Nouakchott, des langues se délient, je ne peux pas ne pas citer Habib Ould. Mahfoud qui fut le premier Maure blanc à dénoncer les horreurs des camps. Il en donne, sous sa plume, une diffusion à la dimension de l'événement. Des pressions diplomatiques, la France en tête, sont exercées sur le pouvoir mauritanien et déjà les veuves s'organisent.

Un officier des douanes, mon ami, Abdoulaye Wane est libéré un après-midi, début avril. Il reprendra ses fonctions à Nouadhibou.

Mahmoud nous tient régulièrement au courant de l'évolution de la situation en ville. Désormais, je suis plus optimiste dans mon jugement. Il y a une lueur d'espoir maintenant.

Le 14 avril, un communiqué officiel annonce, en début de soirée, la fin du Ramadan. Nous veillons un peu plus tard que d'habitude à cause de la particularité de l'événement. Vers une heure du matin, un véhicule entre dans la base. Quelques minutes plus tard, de retentissants coups sont frappés aux portes des cellules. La nôtre est ouverte et une lumière émanant d'une lampe torche se promène sur nous. La voix du capitaine Moctar me parvient à travers un voile de sommeil : "aujourd'hui, c'est la fête du Ramadan, en ce jour sacré, le Président de la République vous a pardonné. Le chef d'état-major me charge de vous dire d'oublier ce qui s'est passé et qu'en bons musulmans, vous devez mettre tout cela sur le compte de la fatalité. Venez nous rejoindre au mess des officiers où vous pourrez faire votre toilette et vous raser en attendant l'arrivée du comptable pour la paye et les camions pour vous déposer chez vous en ville". Je lui réponds : "il est vraiment très fort le Président, il nous arrête, nous torture, nous tue et c'est lui qui nous pardonne!" Il ne relève pas. Nous nous rendons tous au mess où un soldat nous sert du thé à la menthe. Je ressors et me promène longuement dans la base afin de savourer ces premiers moments de liberté. La nuit est noire et l'air, frais. Un sentiment indéfinissable m'habite, c'est un mélange de joie et de tristesse. Surtout quand je passe devant les terribles pièces d'un mètre carré d'où beaucoup de locataires ne sont sortis que pour passer devant le peloton d'exécution. J'ai une pensée pour mes amis restés dans un terrain vague à Inal au nom de la bêtise humaine. Je reviens au mess, où geôliers et ex-prisonniers discutent de banalités, il ne peut en être autrement. Les premiers sont gênés par ce brusque changement de situation. Ils se réfugient derrière des phrases vides de sens : "on ne peut rien contre le destin, Dieu a voulu que cela se passe ainsi". Les voilà qui fuient leurs responsabilités, rejetant sur Dieu leur animosité.

Le jour commence à se lever, je m'installe devant le mess armé d'un rasoir et d'un miroir et entreprend de me débarber (ne cherchez pas cela n'existe dans aucun dictionnaire, c'est le délire d'un prisonnier qui vient de retrouver sa liberté). Autrefois, je m'asseyais au même endroit tous les matins afin d'accomplir ces mêmes gestes tout en regardant mes jeunes recrues s'affairer autour de la cuisine pour le petit déjeuner. C'était en 1981, j'étais détaché ici comme directeur d'instruction pour encadrer deux cents nouvelles recrues.

Les lieutenants Kane Mohamed Mansour, Sall Amadou Elhadj, Dia Youssouf, Dia cheikh Tidjane et moi, nous nous promenons jusqu'à la mer. C'est la première fois, depuis notre arrivée, que nous pouvons nous déplacer en groupe sans avoir de soldats en armes derrière nous.

A notre retour, toute la base, geôliers et ex-prisonniers, était alignée, pour la prière marquant la fin du Ramadan, derrière Mr Lâm, un des prisonniers civils. La limpidité de sa voix et sa maîtrise du Coran en avaient fait l'Imam (chef spirituel) désigné de tous les prisonniers.

Après la prière, arrivent les comptables militaires. Seuls les ex-prisonniers militaires sont payés. Entre-temps, les camions sont là aussi. Nous embarquons pour être déposés à différents endroits de la capitale. Ma famille ayant appris la nouvelle, m'attend dans la rue. Dans l'après-midi, j'apprends une nouvelle qui ne manque pas de faire plaisir, le sous-lieutenant Ely Ould Mohamed qui m'avait promis la mort pour 15 heures à Inal, après m'avoir si sauvagement torturé est décédé. Le jour même où il m'a quitté pour relever le sous-lieutenant Sow Ibrahima de son commandement, il est tombé malade, et est évacué sur Nouadhibou puis sur Nouakchott. Il est mort la semaine suivante. En me faisant cette fameuse promesse, Ely ne savait pas que le plus proche de la mort n'est pas forcément celui qui est au bout du canon.

Nos collègues de Nbeïka aussi sont libres mais ils ne seront à Nouakchott que le lendemain à cause de la distance séparant les deux villes.

Nous commençons d'interminables va-et-vient entre l'état-major national et nos domiciles. Nous sommes devenus encombrants, nos anciens tortionnaires changent de trottoirs pour ne pas nous croiser. Ceux qui ne peuvent pas nous éviter rejettent tout sur d'autres. Les absents ont toujours tort, surtout dans ce domaine. Certains à l'état-major nous ont trouvé un nom qui résume le sombre dessein qui nous était réservé : "les Kurdes". Nous étions donc les Kurdes de la Mauritanie, on a même réussi à transférer en Mauritanie un conflit qui n'était pas le sien. Le tigre en papier règle le compte à ses Kurdes à sa manière et le petit moustachu mauritanien celui des siens, à la sienne qui, bien sûr, n'est dans la pratique, tout comme dans la conception, que la copie certifiée conforme de l'autre.

Nous découvrons que l'horreur s'est étendue à tout le pays:

Tout a commencé à Boghé, la deuxième ville de la cinquième région administrative. Elle est située à la frontière sud du pays, pratiquement à cheval sur le fleuve Sénégal. Le 17 septembre 90, un jeune trafiquant qui revenait du Sénégal avec de la marchandise, est repéré par une patrouille de police. Il réussit à leur échapper après avoir caché sa marchandise dans une maison appartenant à un soldat, le 2e classe Thiam Kalidou, qui, cette nuit-là, était de service. Le lendemain, la police suit les traces et aboutit au domicile de Thiam. Elle se renseigne et très vite, ce dernier est arrêté par son chef, le lieutenant Mohamed Ould Abdy. Cet officier a travaillé avec moi en 1981 à Beyla, près de Nouakchott. Le trait dominant de son caractère a toujours été le sadisme. Il passait son temps à imaginer des méthodes de torture à expérimenter éventuellement sur ses soldats. La moindre absence d'un de ses éléments lui donnait l'opportunité de mettre en pratique son imagination fertile dans ce domaine. L'événement coïncide avec le passage de l'adjoint au chef d'état-major national qui dit de confier l'affaire à la gendarmerie qui a compétence pour traiter ce genre problème. La semaine d'après, son implication n'ayant pu être établie, le soldat est remis à la disposition de l'armée. Mais le lieutenant Mohamed Abdy n'est pas homme à laisser passer une occasion pour tester son génie en matière de torture. Il le jette en prison et continue à le persécuter. Le soldat Thiam défonce la porte de sa prison le 23 septembre et traverse le fleuve qui marque la frontière entre la Mauritanie et le Sénégal. Le lieutenant Mohamed Ould Abdy procède à l'arrestation des militaires négro-mauritaniens sous ses ordres. Il les accuse de complicité dans l'évasion de Thiam Kalidou, les amène au champ de tir d'Azlatt pour les torturer sous un soleil torride dépassant souvent 50°. Quand il les ramène, ce ne sont plus des hommes mais des loques humaines. Le sergent-chef Anne Abdoulaye est aveugle et paralysé, ses deux jambes ont été brûlées sur un bûcher et des tisons ont été appliqués sur ses yeux. Le sergent Diol Amadou meurt tracté derrière un véhicule, le 26 septembre. Il est la première victime de cette épuration au sein de l'armée.

Le capitaine Ely Vall, chef du bureau de renseignements et le lieutenant Ely Ould Dah, de ce même bureau, envoyés par l'état-major pour "enquêter", se joignent tout de suite aux tortionnaires. Ils accusent les prisonniers d'être des Flamistes, d'avoir voulu tuer le colonel Ould Mohamed Salah ou tenté de le marabouter. Le caporal Bâ Djiby, accusé de ce dernier chef d'inculpation, sera la deuxième victime de ces massacres, le 2e classe Niokane Harouna, le planton du colonel en sera la troisième, il est enterré, la tête la première, dans du sable chaud.

Le colonel Cheikh Ould Mohamed Salah, commandant la septième région militaire, entame alors, pour des raisons qui ne s'expliquent que par un ordre venu du plus haut niveau de l'Etat, une chasse à l'homme noir dans ses troupes. Il est secondé dans cette tâche par le capitaine Cheikh Ould Chrouf. 71 militaires sont arrêtés et enfermés dans une caserne isolée, Azlatt, non loin d'Aleg. Aleg est le chef-lieu départemental de la cinquième région administrative et en même temps la base de commandement militaire du colonel Cheikh Ould Mohamed Salah. A Azlatt, les prisonniers sont soumis à toutes sortes de tortures. Sept d'entre eux en meurent quand ils ne sont pas sommairement exécutés à l'intérieur de ce camp. Un huitième, le sergent Gaye Dahirou est achevé à Aleg alors que tous les prisonniers y sont regroupés pour être acheminés sur Nouakchott. Il a été arrêté et torturé par le lieutenant Ely Ould Dah, le sergent Merzouk et un sous-officier, infirmier, Abdy Ould Mohamed. Ce dernier a, lui aussi, travaillé avec moi à Beyla en 81 mais notre connaissance remonte beaucoup plus loin, nous jouions souvent ensemble dans les années soixante. Ils l'ont enterré vivant jusqu'au cou et laissé sous un soleil ardent. Quand ils en ont fini avec Gaye Dahirou, il était, lui aussi, paralysé et aveugle. Gaye Dahirou était un oncle à moi, il vivait à la maison avant son incorporation dans l'armée. Il était infirmier major dans son sous-groupement. Ces huit morts marquent le point de départ de cette campagne de dénègrification dans l'armée. A partir de Nouakchott, les survivants d'Aleg sont dispersés par petits groupes dans les régions du Nord, Zouerat, Akjoujt, Nouadhibou, avec des consignes précises : aucun contact avec les autres militaires négro-mauritaniens. Dès leur arrivée dans les régions, ils sont isolés dans des endroits à l'écart des camps militaires. Les personnes chargées d'assurer leur "sécurité" sont triées sur le volet à cause de leur cruauté et de leur appartenance ethnique. Un soldat négro-mauritanien, le deuxième classe Deh Ousmane Yero qui était à Boulanouar, avait cherché à savoir pourquoi les militaires d'Aleg poussaient chaque soir des cris de douleur. Il fut, pour cela, le premier militaire négro-mauritanien de la région à être arrêté et exécuté quelques jours plus tard. Presque tous les prisonniers venus du sud reviendront à Nouakchott, sauf ceux qui ont eu la malchance d'être placés sous la responsabilité du colonel Ould Boïlil, seulement deux d'entre eux survivront à l'horrible camp d'Inal avec son sanguinaire capitaine Sidina.

Le sergent Sy Souleymane rescapé du camp d'Azlatt me dira beaucoup plus tard: "en tant que comptable, j'avais d'abord cru que mon arrestation était, peut-être, due à une erreur de comptabilité. Je n'ai compris ce qui se passait qu'en voyant tous les autres Négro-mauritaniens solidement ligotés. Après deux jours de torture par le lieutenant Ely Ould Dah et d'autres soldats, j'ai, pour sauver ma peau, avoué tout ce qu'ils voulaient sur cassette puis j'ai signé les feuilles qu'ils m'ont présentées.

A Néma, dans l'est du pays, le lieutenant Gadio Oumar a été arrêté et torturé au "jaguar". Un bûcher a été allumé sous son corps suspendu, il s'en tire avec une jambe et le dos complètement brûlés. D'autres prisonniers n'auront pas sa chance de rester en vie.

A Tiguint, dans la région de Rosso (la capitale de la 6e région administrative), le sous-lieutenant Mohamed Ould Sidi amène un groupe de prisonniers en pleine brousse. Après les avoir torturés, il les jette tous dans une fosse commune et les fait enterrer malgré les protestations d'un des soldats qui l'accompagnent. Ce dernier lui précise que certains sont encore vivants. "Ils ne vivront pas longtemps", répond-il au soldat. Il ne les a conduits ici que pour ça.

A Akjoujt, dans le centre du pays, le capitaine Maazouz a embarqué le sous-lieutenant Dia Abdoulaye

Demba et l'a emmené hors de la ville, après l'avoir ligoté, personne ne reverra plus jamais ce dernier.

Au cours de cette période, j'apprends, sans surprise, qu'une liste avait été établie pour les conclusions du fameux procès. Huit personnes parmi nous devaient être passées par les armes à l'issue du procès. Elle concernait cinq officiers, deux sous-officiers et un homme de troupe : le capitaine Sy Ousmane, les lieutenants Sy Mahamadou, Kane Mohamed Mansour, Dia Cheikh Tidjane, Bal Demba, le second maître Diallo Sileye Beye, le second maître Djigo et le matelot Djigo, son jeune frère.

Il faut jouer la comédie jusqu'au bout, une commission est mise sur pied à Nouakchott. Elle nous reçoit à Idini près de la base du génie militaire.

Au mois de septembre, en même temps que seize collègues, on me notifie ma radiation de l'armée pour des raisons disciplinaires. Certains d'entre nous sont mis à la retraite purement et simplement. Mais le plus étonnant dans tout ça, c'est que des officiers qui devaient être traduits en justice ont été réintégrés dans les rangs alors que d'autres qui devaient seulement être virés, donc sur qui les charges retenues semblaient logiquement moins lourdes, ne sont pas repris. Décidément, la logique n'est pas de rigueur ici.

Nous rejoignons l'association des rescapés déjà constituée par les sous-officiers et soldats libérés des mois avant nous. Nous adressons plusieurs écrits au gouvernement mauritanien, dans lesquels nous mentionnons toutes les horreurs que nous avons vécues mais également la légèreté des accusations formulées à notre encontre. Une copie de chacun de ces écrits a été déposée à toutes les ambassades, consulats, ONG présents à Nouakchott ainsi qu'aux sièges des différents partis politiques. Nous réclamons la mise en place d'une commission indépendante d'enquête aux fins de faire la lumière sur les massacres perpétrés dans les camps, de déterminer les responsabilités, de sanctionner les responsables et de réhabiliter les victimes sans oublier une juste indemnisation des veuves et orphelins. Notre cri de désespoir est resté sans écho. Le chef de l'Etat persiste dans sa fuite en avant.

Nous réclamons une commission indépendante, il désigne une commission interne composée du colonel Sidiya Ould Yahya, l'adjoint au chef d'état-major national, le commandant Ndiaga Dieng qui a déjà fait un tour dans les camps de la mort et qui donc pourrait difficilement se contredire, Baby Housseynou, commandant à l'époque et le directeur de cabinet du chef d'état-major national. Cette commission se rend sur les différents sites où il y a eu des morts. Qui veut-on endormir? De toutes les façons, personne en dehors du chef d'Etat et de son chef d'état-major national ne sera au courant du résultat de cette enquête.

Un soldat, chauffeur, me dit au cours de cette période, avoir un jour entendu le lieutenant Mahfoudh dit Deuf de la première région, à Nouadhibou, faire des confidences à un autre officier maure dont je ne me rappelle plus le nom. Le soldat était sous son véhicule pour un petit bricolage. Le lieutenant Mahfoudh avait entraîné son collègue à côté du véhicule et dit au cours d'une courte conversation: "pour les militaires Kwar, ce sera l'année prochaine, après il n'y en aura plus, pour le moment tout se passe bien dans le sud". Ils discutèrent un moment avant de retourner auprès d'autres officiers dans une tente. Ils ne savaient pas qu'il y avait quelqu'un sous le véhicule. Bien sûr, le soldat en parlera avec des amis de confiance mais voyant que personne ne le croit, il finit par se convaincre lui-même qu'une pareille opération est impensable et que le lieutenant Mahfoud prenait tout simplement ses rêves pour la réalité. Le soldat finit par oublier ces paroles.

Nous avons demandé une sanction des responsables, Ould Taya met en quarantaine deux officiers supérieurs, les colonels Cheikh Ould Mohamed Salah et Ould Boïlil. Le colonel Salah, principal responsable des déportations et des massacres des populations civiles et militaires négro-mauritaniennes dans le sud de la Mauritanie. Il coule aujourd'hui des jours heureux dans son Atar natal. Le colonel Ould Boïlil, le larbin du chef de l'Etat, est envoyé en France pour suivre un stage à l'école de guerre, juste récompense: en 1993, informée de sa présence, l'ONG *Agir Ensemble pour les Droits de l'Homme* alerte le président du comité *Contre la Torture à Genève* et lui demande d'intervenir auprès du gouvernement français pour que, conformément aux engagements que la France a souscrits en ratifiant la Convention contre la Torture, il prenne des mesures conservatoires permettant d'inculper ultérieurement le tortionnaire. Le professeur Voyame, convaincu du bien-fondé de la demande, interpelle en urgence le gouvernement français. Le ministère des Affaires Etrangères, à l'époque dirigé par Roland Dumas, avertit le colonel Ould Boïlil. Ce dernier est exfiltré à la sauvette. Il arrive à Nouakchott en pleine nuit. Il n'est alors plus question d'employer, dans un poste à hautes responsabilités, un officier mis à l'index par l'opinion internationale, c'est une première dans l'histoire de la Mauritanie. Une seule solution s'impose, celle appliquée à Salah : Boïlil rejoint, lui aussi, son Atar natal. Ils conservent tous les deux leurs salaires et les privilèges dus à leur rang. Voilà que bourreaux et victimes se retrouvent hors de l'armée, certains pour avoir été torturés et humiliés, d'autres pour avoir torturé, humilié et tué.

Le chef d'état-major national, le colonel Ould Minih, est quant à lui propulsé au poste de ministre de la défense, poste jusque-là occupé par le premier homme du pays, son aptitude à "casser du noir" est confirmée, certains autres tortionnaires, les plus sanguinaires, bénéficieront de promotions inattendues. Tant pis pour les autres, ils n'avaient qu'à mettre plus de zèle à tordre le cou aux Kwar.

Ainsi Sidi Ould Néma passe non seulement du grade de sous-officier à celui d'officier mais reçoit des mains du chef de l'Etat la médaille du mérite national après les fosses communes de Sori Malé dans lesquelles on a retrouvé les restes de l'adjudant Lô Boubacar qui, après sa retraite, était rentré chez lui travailler la terre.

Des centaines de militaires négro-mauritaniens ont succombé à la torture ou ont été exécutés dans les camps. L'horreur n'a épargné aucune partie du pays, chaque région a eu son camp de torture, Nema, Aïoun, Azlatt, Tiguint, Nbeïka, Jreïda, Akjoujt, Zouerat et autre Inal... L'armée, la gendarmerie, la garde nationale, la police, la douane, les civils, tous les secteurs ont été touchés.

Deux cent cinquante prisonniers ont fait le trajet pour Inal au mois de novembre 90 mais seulement 96 d'entre eux feront le voyage retour. Le reste repose autour du fameux terrain de sport.

Les victimes, nous savons ce qu'elles sont devenues. Mais les tortionnaires, qu'en est-il advenu ? J'ai entendu dire qu'ils ont été amnistiés.

Qui peut se prévaloir du droit de pardonner, à ma place, mon caporal étrangleur?

Pourra-t-il rendre à Mamma Saré son père, le lieutenant Saré Yahya? Ou à Aïssata Oumou ses deux fils? J'ai rencontré cette mère dont il avait fallu départager les deux enfants au tirage au sort, je n'ai pas eu le courage de lui confirmer les circonstances de la mort de ses fils.

Décidément, je ne pense pas que cette mise en scène qu'est la retraite ou le chômage technique de deux officiers supérieurs et une prétendue loi d'amnistie suffisent à faire oublier toute la souffrance d'un peuple. Quelques lignes concoctées et signées par une poignée de béni oui-oui peuvent-elles effacer la forfaiture de ces barbares? Non, je ne le crois pas. Seuls ceux qui ont subi la torture et l'humiliation dans leur chair peuvent pardonner. Mais encore faut-il le leur demander. On peut imposer le silence, pour un temps du moins, mais ni le pardon ni l'oubli.

"Nêné, holto baabam woni"?
Maman, où est mon papa?

La vie des veuves au cours de cette épreuve relève d'un véritable parcours du combattant. Les instants les plus angoissants sont ceux où il faut répondre à cette question: "Maman, où est mon papa?" Madame Diariatou Toumbo dont le mari, le lieutenant Sall Oumar, est décédé dans la nuit du 28 au 29 novembre 90, raconte:

"A la douleur endurée, suite à l'arrestation de mon mari s'ajoutent le désarroi des enfants et leur revendication légitime de savoir quand reviendra leur papa. Même les plus jeunes trouvent cette "mission" anormale. Il arrive pourtant très fréquemment que les marins effectuent des déplacements en mer, mais cette fois, ils ne pressentaient rien de bon dans cette absence. Très souvent, l'un des enfants sort en courant de la maison pour, soit disant, aller chercher son père. Il faut constamment leur courir après et les surveiller .

"Aussi trois à quatre fois par semaine, le plus souvent accompagnée de Mme Tambadou, je me rends à la base marine pour prendre des nouvelles ; pendant ces déplacements, nous sommes obligées d'enfermer les enfants à clef, de peur qu'ils ne s'en aillent. Dès qu'ils entendent un bruit de voiture, ils se ruent vers la porte appelant leur père et reviennent en pleurant voyant qu'il ne s'agissait que de passants.

"Quatre mois avant son arrestation, mon époux est suspendu de ses fonctions sans explication ; à cet effet, les enfants avaient pris l'habitude de le voir tout le temps et un an auparavant le logement administratif que la famille occupait lui a été retiré au profit d'un officier maure du nom de Mohamed Cheikhna et cela sans explication, là aussi. Quelques rares fois seulement nous réussissons à entrer dans la base. En général, nous restons des heures sous le soleil brûlant devant l'entrée, mais plus personne ne semble nous reconnaître, bien que certains des responsables soient souvent venus à nos domiciles avant cette histoire et qu'à l'époque, ils se considéraient comme des amis de la famille.

"Une fois, nous sommes reçues par le lieutenant Chorfa qui est adjoint au commandant de la base, dans son bureau.

- Que voulez-vous, mesdames ?

- Nous venons aux nouvelles, cela fait plus de deux semaines que nos maris sont partis, nous n'avons aucune nouvelle de leur part, les enfants ne dorment plus, ils n'arrêtent pas de réclamer leurs pères et nous sommes très inquiètes.

- Il n'y a pas de quoi s'inquiéter, ils sont partis tout simplement en mission.

- Cela fait pas mal d'années que nous sommes mariées avec ces hommes, ils ne sont jamais partis en mission de cette façon, sans même emporter un nécessaire de toilette ni nous dire au revoir, à nous comme aux enfants. Il y a des choses anormales.

- Je vous assure que tout est normal, le départ précipité est en rapport avec l'urgence de la mission, c'est tout.

- Nous ne croyons pas à votre mission, tous les Négro-mauritaniens de la marine sont absents de leurs foyers, ils ne peuvent pas être les seuls à partir en mission. Que signifie cette mission dont pas un seul Maure ne fait partie?

- Tout ce que je peux vous dire, c'est qu'ils sont en mission et rien de plus. D'autre part, n'écoutez pas les ragots que l'on pourrait vous raconter.

- Quels genres de ragots peut-on nous raconter en dehors de ce que vous nous dites actuellement?

- Des personnes pourraient vous dire qu'ils ont été arrêtés pour être tués ou qu'ils sont déjà morts ou n'importe quoi d'autre. Ce ne sont que des menteurs qui cherchent à vous faire du tort. Si jamais vous avez affaire à ce genre d'individus, faites-le nous savoir.

En plus de notre souffrance, il nous demande d'être des indics pour lui."

Une seconde fois, après avoir attendu de 8 heures à 12h30, le lieutenant Wone, de la marine, passe, il demande au chef de poste de me laisser voir le commandant de base. Je suis reçue par le lieutenant Mohamed Cheikhna, à cause de qui nous avions été délogés un an plus tôt. Dès qu'il me voit, les traits de son visage se crispent. Il ne me demande même pas de m'asseoir. Voyant qu'il ne voulait même pas parler, faisant semblant de chercher un dossier ou un papier qu'il ne trouvait pas, je lui dis:

- Je veux savoir où est mon mari, il y a quelque chose qui ne colle plus, on m'interdit l'entrée de la caserne et personne ne veut me recevoir ou me dire quoi que ce soit.

- Je ne sais pas où se trouve ton mari mais il paraît qu'ils ont voulu faire un coup d'Etat.

"Notre entrevue tourne court, il m'insulte pour clore l'entretien ; moi aussi, je l'abreuve d'injures avant de claquer la porte. Toutes nos tentatives de rencontrer, ultérieurement, un responsable de la base se sont soldées par un échec. Nous nous y rendions inlassablement madame Tambadou et moi. Fin février, il y a une première vague d'officiers libérés, j'ai été rendre visite au capitaine médecin Kane, je n'ai pas osé lui demander des nouvelles, voyant qu'il ne désirait pas en parler et étant convaincue qu'il ne m'en dirait rien. Il avait l'air vraiment embarrassé et triste. C'est par une autre personne qu'il me fera parvenir la nouvelle le lendemain. Je continuais quand même mes aller et retour entre la base marine et chez moi pour avoir quelque chose d'officiel. Faute de moyens de transport, je me suis installée chez des amis dans le camp des mariés, près de la base. Personne ne voulait nous recevoir. Comme nous nous retrouvions tous les jours, les épouses des marins arrêtés et moi, le directeur de la marine nous envoie des gendarmes pour nous chasser des logements administratifs. Des fois, nous sommes maintenues en état de siège dans la maison par des marins en armes. Je suis repartie avec mes enfants dans notre maison où se tiennent désormais toutes nos réunions. Les voisins étaient transformés en agents de renseignement dès que deux veuves ou épouses de "disparus" se présentaient chez moi, la police se mettait à quadriller le quartier et c'était souvent l'état de siège par des soldats, toujours en armes, aucune sortie n'est autorisée durant toute la journée. Plusieurs fois des veuves se sont retrouvées dans l'obligation de dormir à la maison parce que les soldats les empêchaient de sortir jusqu'à la nuit."

"Après la sortie des rescapés, tous les deux mois, je me rendais à Nouakchott dans le cadre d'une réunion avec le comité des veuves. Nous nous sommes rendues une fois chez Abderrahmane Ould Lekwar, la sentinelle nous dit qu'il n'est pas à la maison, nous nous assîmes devant pour l'attendre. Vers le milieu de l'après-midi, je le vois sortir à toute vitesse de la maison en voiture. Je dis aux autres que celui que nous attendions venait de partir et que vraisemblablement il ne reviendrait pas de sitôt. Après quelques hésitations, nous nous sommes dispersées. A peine notre groupe a-t-il fait quelques mètres que nous tombons sur Abderrahmane ; je me suis mise en travers du chemin avec mes amies, pour lui barrer le passage. Il s'arrête et nous nous présentons, il nous salue brièvement. Je lui dis que nous désirions le voir, il nous fait monter en voiture et nous ramène chez lui. Mais à peine arrivées, il nous abandonne avec son épouse pour s'enfermer dans sa chambre. Alors nous avons fini par dire à son épouse que l'objet de notre visite est de nous entretenir avec son mari, que nous n'étions pas ici pour boire du thé. Elle va le chercher et quand il se présente devant nous, Abderrahmane ne nous regarde pas et il est très mal à l'aise dans son fauteuil, il croise et décroise incessamment les jambes puis finit par nous demander l'objet de notre visite.

- Nous voulons savoir où sont nos époux, c'est vous qui avez ordonné leur arrestation suite à une convocation, donc c'est à vous de nous donner des explications. Sur vos ordres également, nous avons été chassées de nos foyers.

Il nous répond par l'hypocrisie qui caractérise sa personne:

- La perte n'est pas seulement la vôtre, chacune de vous a perdu un mari ou un fils alors que moi, c'est tous mes cadres que j'ai perdus, tous mes techniciens. La marine aujourd'hui est paralysée, aucun bateau ne bouge, tous les ateliers sont fermés. Je suis complètement perdu et plus que vous ne pouvez l'imaginer, cette perte est aussi la mienne. Mais on ne peut pas changer le cours du destin. Je vous promets que je m'occuperai de vous et de vos enfants ; je vous donnerai des maisons et vous assisterai.

- Si vous étiez sincère, vous auriez agi autrement, lui dis-je. N'est-ce pas vous qui avez ordonné qu'on nous jette dehors? Et parmi les marins morts, certains étaient entrés dans la marine le même jour que vous, c'était vos promotionnaires, à ce titre, je crois que vous auriez dû présenter vos condoléances à leurs familles.

"Notre entretien s'est arrêté là, il n'a plus prononcé un seul mot. Beaucoup plus tard nous, avons reçu une pension pour nos maris mais jamais la marine n'a reconnu officiellement la mort de nos époux pas plus que l'état-major national d'ailleurs. Et même pour la remise des carnets de pensions, nous avons été envoyées à l'état-major de la gendarmerie qui n'avait rien à voir avec nous.

Je reçois une pension, 8000UM (unité monétaire du pays soit l'équivalent de 200FF) par mois et madame Tambadou aussi.

L'épouse de Anne Dahirou et la mère de Sall Abdoulaye Moussa reçoivent chacune : 6000UM (120FF) par mois.

Madame Lôme Abdoulaye : 10000UM (250FF) par mois

Les épouses des sous-officiers : 3000UM (70FF) par mois.

Les épouses des soldats : 2000UM (50FF) par mois.

Nous avions projeté de nous rendre à Inal mais on nous en a dissuadé, soit disant que nous n'avions aucune chance de voir où sont enterrés nos époux et qu'on ne nous laisserait même pas nous approcher de la base. Nous avons dû alors y renoncer. Toutes nos démarches pour obtenir la lumière sur ces événements, n'ont pas abouti et nos manifestations ou sit-in ont toujours été sévèrement réprimés par les forces de l'ordre ; pour plusieurs d'entre nous, ils se terminent au commissariat de police ou à l'hôpital. Il nous est arrivé d'être retenues toute une journée à la base marine de Nouakchott suite à une manifestation. Nous n'avons, ce jour-là, été relâchées que très tard dans la nuit.

Madame Sall vit aujourd'hui en France où elle a sollicité et obtenu un asile politique.

Je ne terminerai pas ce livre sans saluer le courage de ces veuves et mères qui ont lutté et continuent de lutter , pour que triomphe la justice en Mauritanie. Elles ont tenu là où beaucoup auraient baissé les bras; les obstacles n'ont pas manqué, intimidations, répressions et tentatives de corruption, le pouvoir aura fait flèches de tout bois.

J'espère apporter une modeste contribution dans ce combat contre l'injustice érigée en système. Mon souhait est de voir une Mauritanie unie dans la confiance où le Maure est libre de rester maure, le Haratine de rester haratine, le Peulh de rester peulh, le Soninké de rester soninké, le Wolof de rester wolof et le Bambara de rester bambara, mais tous des mauritaniens.

Pour régler ce lourd passif, il n'y qu'une issue possible, elle passe par la traduction en justice des responsables. C'est pourquoi il me semble absolument nécessaire qu'une commission indépendante d'enquête soit créée pour faire la lumière sur ces événements qui ternissent le pays, compromettent la cohésion nationale et hypothèquent son avenir. Cette commission pourrait comporter quelques victimes; en effet, qui pourrait mieux qu'elles retracer l'histoire qu'elles ont vécue dans leur chair? Ensuite, que soit organisé le retour des milliers de mauritaniens déportés au Sénégal et au Mali et abolir de façon effective l'esclavage afin que plus jamais la dignité humaine ne soit bafouée. Alors, la Mauritanie, forte de ses énergies conjuguées, pourrait s'envoler vers un futur meilleur.

Remerciements

J'adresse mes sincères remerciements à tous ceux qui m'ont soutenu dans ce travail, notamment:

- Mon frère Abou et son épouse Marie-Françoise, surtout pour leur patience à propos de mes coups de fil très tardifs, à chaque fois que j'ai rencontré un problème informatique.
- M. Marc Senet pour son indéfectible soutien.
- Et, enfin, à toute ma famille surtout à ma petite Aïssata dont la présence quasi constante m'a été d'un grand réconfort. Sa naissance, juste après les événements, m'a beaucoup aidé à en surmonter les conséquences.

Photos de couverture

<u>En haut de gauche à droite</u>:

1- Le sergent Gaye Dahirou, arrêté le 27/09/90, torturé à Azlatt et achevé à Aleg le 10/10/90.
2- Le soldat de 1ère classe Ly Mamadou Ousmane tué la nuit du 27 au 28/11/90, après les pendaisons. Inal.
3- Le sergent Sada, pendu la nuit du 28/11/90.
4- Le sergent Diallo Demba Baba, pendu la nuit du 27 au 28/11/90. Inal.
5- Le soldat de première classe Ndiaye Samba Oumar, le chauffeur à qui j'avais remis ma paye le jour de mon arrestation, pendu la nuit du 27 au 28/11/90. Inal.

<u>En bas de gauche à droite</u>:

1- Le second-maître Ndongo de la marine, pendu la nuit du 27 au 28/11/90. Inal.
2- Adjudant Diop Bocar Bayal, responsable du fourrier régional, tué juste après les pendaisons du 28/11/90. Inal.
3- Le soldat de 1ère classe Hamet Ndiaye, mort asphyxié sous le poids de ses compagnons, arrivé à Inal, le 24/11/90.
4- Adjudant-chef Bass Amadou, exécuté le 24 ou le 25 par le soldat Souleymane Ould Eleyatt à Inal.
5- Le soldat Diallo Ibrahima Demba, l'un des frères qu'il avait fallu départager au tirage au sort, la nuit du 27au 28/11/90. Inal.

Table des matières

13229 - septembre 2010
Achevé d'imprimer par

1livre.com
du rêve à la réalité !

652152 - Mai 2016
Achevé d'imprimer par
1livre.com
du rêve à la réalité !